발해를 세운 대조영

 **발해를 세운 대조영**

중판 1쇄 인쇄일 · 2011년 12월 5일

지은이 · 신동일
그린이 · 정태엽

펴낸이 · 김경희
펴낸곳 · (주)도서출판 아테나
표지 | 본문 디자인 · 황인옥
주소 · 서울시 마포구 서교동 395-166 서교빌딩 601호
전화 · 02-2268-6042 | **팩스** · 02-2268-9422
홈 페이지 · http://www.athenapub.co.kr
등록 · 1991년 2월 22일 제 2-1134호

ⓒ 아테나, 2011
ISBN 978-89-91494-86-2 73910

이 책의 저작권은 (주)도서출판 아테나에 있습니다.
이 책 내용의 일부 또는 전부를 사용하려면 반드시 저작권자의 서면을
통한 동의를 얻어야 합니다.
책값은 뒤표지에 있습니다. 잘못된 책은 바꾸어 드립니다.

발해를 세운 대조영

지은이 · 신동일
그린이 · 정태엽

아테나
Athena

 머리말

우리는 발해를 얼마나 잘 알고 있을까요?

서기 668년, 동아시아의 호랑이로 당나라와 천하의 패권을 다투었던 고구려가 멸망했습니다. 고구려 개국 이래 끊임없이 전쟁을 벌여온 중국이 드디어 뜻을 이루고 만 것입니다.

전쟁에서 승리한 당나라는 고구려 임금을 비롯하여 수많은 고구려인을 포로로 잡아갔습니다. 그리고 수도 평양에는 안동도호부를 설치하여 제멋대로 나라를 다스리기 시작했습니다. 이것으로 고구려는 영영 이 땅에서 사라진 것처럼 보였습니다.

그러나 그게 아니었습니다. 옛 고구려 땅 곳곳에서 고구려 유민들이 들고 일어났습니다. 이들은 나라를 다시 되찾아야 한다는 생각으로 똘똘 뭉쳐 당나라군을 몰아내기 시작했습니다.

이런 일은 고구려 옛 땅에서만 일어난 게 아닙니다. 포로로 끌려가 당나라 땅에 살고 있던 고구려 유민들 사이에서도 일어났습니다. 이들 중 크게 두각을 나타낸 인물이 바로 고구려 유장 대중상(일명 걸걸중상)과 그의 아들 대조영입니다.

이들은 당나라 조정이 혼란해진 틈을 타서 고구려 유민들을 이끌고 당나라를 탈출하였습니다. 그리고 수많은 난관을 돌파하며 고구려 옛 땅에서 고구려를 잇는 나라를 세웠는데, 이것이 바로 발해입니다.

발해는 남쪽의 신라와 더불어 우리 겨레가 세운 위대한 나라입니다.

요즘들어 중국은 발해를 말갈족이 세운 중국의 변방 국가 중의 하나라고 주장하고 있지만, 이것은 동아시아의 역사를 자기 나라에 유리하게 해석하려는 억지에 불과합니다.

발해의 임금들은 스스로를 고구려의 후예임을 자처하며 외교 문서에 '고려국왕'이라 밝혔습니다. 그런가 하면 당시 중국에서도 발해를 '해동성국'이라고 불렀다고 합니다. 만약 발해가 중국 변방 국가 중의 하나였다면, 발해를 '해동성국'이라고 부를 까닭이 없습니다. 왜냐 하면 '해동'이란 '바다의 동쪽' 즉, 우리 겨레들이 살고 있는 이 땅을 가리키는 말이기 때문입니다.

그런데 고구려의 후예라고 자부하고 있는 오늘날의 우리는 발해를 얼마나 잘 알고 있을까요? 이 물음에 아마도 여러분 대다수가 얼굴을 붉히며 고개를 숙일 것입니다. 그 만큼 우리는 발해를 잊고 살았기 때문입니다. 그러나 아직 늦지 않았습니다. 지금부터라도 대륙을 호령했던 자랑스런 조상들의 행적을 하나하나 되새겨 보고, 그 분들의 숭고한 뜻을 이어나가면 됩니다.

아무쪼록 이 책이, 여러분들이 발해 역사를 공부하고 이해하는 데 조금이나마 도움이 되었으면 합니다.

차례

지는 별 뜨는 별 · 012
대제국 고구려의 침몰 · 025
영주 땅의 유민들 · 052
대조영의 분노 · 066
이진충의 난 · 078
요동으로 향하다 · 092
동모산에 세운 나라 · 118
대조영의 요동 입성 · 131
거란의 몰락 · 144
걸사비우의 죽음 · 161
천문령 대첩 · 177
발해 건국 · 199

지는 별 뜨는 별

'지금은 나라를 떠받칠 만한 영웅이 없도다. 영웅은 천군만마를 다스릴 만한 지혜와 용기와 덕망을 겸비해야 하거늘. 당장 이 요동땅을 지킬 만한 장수 하나가……'

　　　　　　"나의 장례는 3년이 지난 후에 간소하게 치르도록 하라! 절대로 나의 죽음을 당나라가 알지 못하도록……."

　고구려의 권력을 한손에 쥔 대막리지로 당나라의 거듭된 침략을 물리친 대장군 연개소문이 죽으면서 남긴 말이다. 그런가 하면 다음은 당 태종이 남긴 말이다.

　"고구려 정벌은 연개소문이 죽은 후에나 생각해 볼 일이다. 절대로 고구려 정벌에 황제가 직접 나서지 말라!"

　이는 당 태종이 안시성 싸움에서 연개소문과 양만춘의 주도 면밀한 작전에 말려들어 치욕적인 패배를 당한 후에 한

말로, 그가 평생 동안 그 악몽에서 벗어나지 못했음을 여실히 보여 주고 있다.

그러나 이런 아버지의 유언을 무시한 당 고종은 아버지의 원수를 갚겠다며 고구려 정벌에 나섰다가 평양 인근 사수 언덕에서 연개소문이 이끄는 고구려군에게 큰 참패를 당했다. 이 싸움에서 당나라군 총대장 방효태는 자기 아들들과 함께 죽임을 당했고, 군사 중에서 살아서 요하를 건너 당나라로 돌아간 사람이 겨우 손꼽을 정도였다고 하니, 당나라가 얼마나 비참한 패배를 했는지 알 수 있다.

고구려를 지키던 큰 별, 연개소문이 죽은 지 얼마 지나지 않아, 남은 또 하나의 큰 별인 양만춘마저 자리에 눕고 말았다.
양만춘은 이미 자신의 죽음을 예감하고 있었다.
'연개소문 대막리지님이 안 계신 지금 나마저 떠나게 되면 풍전등화 같은 우리 고구려의 운명은 어찌 될꼬…….'
조용히 눈을 감고 있는 양만춘의 귓전에 문득 그 옛날 안시성에서 울려 퍼지던 북소리와 징소리, 군사들의 함성이 들려왔다.

645년 3월, 당 태종은 친히 무장을 갖추고 고구려 정벌에 나섰다. 갑옷에 활과 전통을 멘 당 태종의 진군 명령이 떨어지자, 당나라 최정예 10만의 군사가 요하를 건너 고구려로 향했다.

당시 고구려 국경을 지키는 성들은 맨 북쪽의 부여성에서 현도성, 신성, 요동성, 안시성, 건안성, 비사성까지 북쪽에서 남서쪽으로 비스듬히 늘어서 있었다. 그리고 각 성에는 연개소문이 고르고 고른 성주들이 굳게 지키고 있었다.

당나라 태종은 수나라의 공격을 굳건히 지켜 낸 첫 번째의 요동성을 피하고, 그보다 규모가 적고 허약한 신성을 첫 공격의 대상으로 삼았다. 그리하여 예상했던 대로 신성을 간단히 함락시켰다.

신성이 무너지자, 그 기세를 몰아 당나라 군사들은 요동성을 겹겹이 에워싸고 공격했다.

그 옛날 100만의 수나라 군대도 함락시키지 못했던 요동성이었지만, 이번에는 사정이 달랐다. 당나라 군사들은 수나라 군사들에 비해 훈련이 잘 되어 있었을 뿐만 아니라, 군사를 지휘하는 사람이 다름 아닌 당시 최고의 전략가인 당 태종이었다. 거기다가 무기마저 성벽을 부수는 충차, 석포, 화포 등 최신식으로 갖추고 있었다.

요동성은 결국 당나라군의 위력 앞에 힘없이 함락되고 말았다. 당 태종은 크게 만족하여 의기

양양했다.

"보아라! 우리는 수나라가 여섯 달 동안이나 공격했어도 떨어뜨리지 못했던 요동성을 단숨에 함락시켰다. 이제 고구려의 운명도 얼마 남지 않았다!"

요동성이 함락되자, 부근의 작은 성들이 겁에 질려 줄줄이

항복하는 사태가 벌어졌다. 당 태종은 하늘의 별을 딴 듯 기뻐했다.

"하하하, 이제 안시성이다! 안시성만 깨뜨리면 평양까지 일사천리다. 제장들은 모든 힘을 다해서 안시성을 공격하라!"

이제 안시성은 바람 앞에 등불처럼 위기에 몰렸다.

이 때 안시성을 지키는 장수는 양만춘이었다. 양만춘은 용맹과 지혜를 두루 갖춘 뛰어난 장수였다.

"이제 고구려의 운명은 안시성에 달려 있소. 무슨 수를 써서라도 안시성에서 당나라군을 막아내야만 하오!"

대막리지 연개소문의 간곡한 지시가 안시성 성주인 양만춘에게 내려왔다.

"염려 마십시오. 이 양만춘이 안시성과 운명을 같이할 것이오!"

양만춘은 이와 같은 결의를 지시를 전하러 온 전령을 통해 연개소문에게 전했다.

양만춘은 성 안의 모든 장수와 군사는 물론 일반 백성들에게까지 성을 사수하겠다는 결의를 전했다. 그래서 성 안은 온통 당나라 군을 무찌르려는 결의로 불타올랐다.

예상대로 당나라 군의 공격은 거세었다. 그러나 이에 맞선 안시성의 고구려군 역시 조금도 밀리지 않았다. 일진일퇴의 치열한 공방전이 몇 개월 동안이나 밤낮없이 계속되었지만, 양만춘이 이끄는 안시성은 끄떡도 하지 않았다.

이에 비해 당나라 군사들의 사기는 날이 갈수록 떨어져 갔다. 계속되는 공격이 실패로 돌아가자, 당나라의 전사자 수가 눈덩이처럼 불어났다. 게다가 식량도 점점 바닥이 나고, 북쪽에서는 싸늘한 북풍이 불어와 얼음이 얼기 시작했다.

자신감에 넘치던 당 태종의 얼굴이 그 사이 침통한 표정으로 바뀌었다.

'허어, 이러다가 눈이라도 내리고 추위가 밀려오면 우리도 수나라 짝이 나는 게 아닐까?'

때마침 총대장인 이세적이 당 태종에게 철수할 것을 간했다.

"폐하, 그 동안 고구려를 혼낼 만큼 혼내 주었으니 이 정도에서 군사를 돌리시는 게 좋겠습니다. 날이 더 추워지면 저희에게 점점 더 불리하게 됩니다."

당 태종은 분노로 몸을 부르르 떨었다. 이번 전쟁에서 당나라가 얻은 것은 별로 없고, 손실이 컸기 때문이었다. 거기다가 자신의 한 쪽 눈마저 잃는 치욕까지 당하지 않았는가!

당 태종은 한동안 말이 없다가 마침내 무겁게 입을 열었다.

"철수한다!"

당 태종의 한 쪽 눈에서 뜨거운 눈물이 주르르 흘러내렸다.
"우리가 비록 물러가기는 하지만, 대국 당나라 군사의 당당한 모습과 황제의 체통은 잃지 않도록 하라!"
드디어 당나라 군의 퇴각이 시작되었다.
당나라 군사들은 패전의 치욕스러움을 감추기 위해, 일부러 함성을 크게 지르며 안시성 아래를 지나갔다.
"지금 당나라 황제가 성 밑을 지나고 있습니다!"

군사가 달려와 양만춘에게 고했다.
"그래?"
양만춘이 천천히 성문 위로 올라갔다.
비록 안시성 공략에 성공하지는 못했지만, 금빛 찬란한 온량거에 높이 앉아 있는 당 태종은 천하의 당나라 황제답게 당당했다.
당 태종을 호위하는 장수들의 모습도 장관이었다.

육군 총사령관 이세적과 이도종, 장손무기, 설인귀 등 기라성 같은 당나라 장수들의 화려하고 당당한 모습에 고구려 군사들은 잠시 넋을 잃은 듯했다.

당 태종의 온량거가 안시성 동문을 지날 때였다.

"저기 고구려 장수 양만춘이 서 있다!"

군사들이 술렁대자, 당 태종이 온량거 밖으로 고개를 내밀어 성 위쪽을 쳐다보았다.

"양만춘이라면 안시성 성주 아닌가? 잠시 멈추어라. 비록 적장이지만 용감한 그의 얼굴을 보고 싶다!"

당 태종이 탄 수레가 잠시 멈춰 섰을 때였다. 양만춘 옆에 있던 장수 하나가 재빨리 활을 들어 당 태종을 겨누었다.

"그만! 이게 무슨 짓인가?"

양만춘은 활을 밀치면서 엄하게 꾸짖었다.

"저쪽은 이미 싸움을 멈추고 돌아가고 있지 않은가?"

당 태종이 이런 양만춘의 모습을 보고 있었다. 청색 갑옷에 은빛 투구, 장검을 짚고 우뚝 서 있는 양만춘의 당당하고 날렵한 모습! 당 태종은 잠시 그 모습을 쳐다보고 있었다.

"잘 가시오. 내가 안시성 성주 양만춘이오!"

양만춘이 작별 인사라도 하듯 당 태종을 향해 손을 흔들며 우렁차게 소리쳤다.

당 태종도 화답하듯 팔을 들어 흔든 뒤 온량거에 올랐다.

"안시성 성주 양만춘은 과연 이 황제의 군사를 꺾을 만한 영웅 호걸이로다! 내가 패하여 후퇴하는 것을 뻔히 알면서도 결코 깔보거나 야유하지 않는 높은 예절까지 갖추었구나! 동쪽 작은 나라 고구려에 저런 영웅이 숨어 있었다니……."

당 태종이 경륜을 지닌 황제라면, 이에 맞선 양만춘은 지모와 용맹에다 예절까지 갖춘 맹장이며 덕장이었다.

그런데 그런 천하에 둘도 없는 장수도 세월을 이길 수가 없는지. 이제는 늙고 병든 몸으로 숨을 헐떡이며 죽음을 눈앞에 두고 있는 것이다.

"양만춘 장군이 위독하시다!"

급보를 받은 요동성 주변의 장수들이 속속 모여들었다. 요동성주 고사계, 안시성주 대중상과 그 아들 대조영, 전군원수 흑선우 등 요하 부근의 크고 작은 성의 성주와 부장들이 모두 한자리에 모였다.

양만춘이 방 안 가득 앉아 있는 장수들을 찬찬히 둘러보며 가만히 입을 열었다.

"우리 고구려는 국난을 당할 때마다 용맹과 슬기를 겸비한 장수가 나와 위기에 빠진 나라를 구했소. 을두지, 명림답부, 밀우와 유유, 강이식, 을지문덕, 연개소문……. 그런데,"

잠시 말을 끊은 양만춘이 천천히 고개를 저었다.

'지금은 나라를 떠받칠 만한 영웅이 없도다. 영웅은 천군만마를 다스릴 만한 지혜와 용기와 덕망을 겸비해야 하거늘. 당장 이 요동땅을 지킬 만한 장수 하나가 ……'

양만춘의 시선이 잠시 대중상의 아들 대조영의 얼굴에서 멎었다. 대조영은 자기 밑에서 부장 자리에 있는 젊은 장수였다.

'그래, 그래! 대조영이 있었구나. 지금은 말직에 있지만 큰 그릇으로 자랄 인물이 분명하지. 그런데 내가 먼저 가게 되니 누가 키워줄 것인가. 어쩌랴, 이 또한 고구려의 슬픈 운명인 것을…….'

그로부터 며칠 후 양만춘은 그의 혼이 깃든 안시성을 대조영의 아버지 대중상에게 물려 주고 세상을 떠났다.

양만춘의 눈은 정확했다.

양만춘의 뒤를 이어 안시성 성주가 된 대중상의 아들 대조영은 무예도 출중했지만, 군사를 지휘하는 능력도 뛰어났다. 대조영은 양만춘이 세상을 떠난 후에 고려성 전투를 비롯한 당나라와의 여러 전투에서 아버지 대중상을 도와 뛰어난 전과를 올렸다.

대제국 고구려의 침몰

"우리 안시성이 무너지면 요동 전체가
당나라 군사들에게 유린된다. 죽음으로 사수하라!"

　　　　　　　고구려 말기, 국가의 존망은 연개소문의 손에 달려 있었다. 그만큼 그의 권력은 막강했다.

　연개소문은 15세의 젊은 나이에 여러 귀족들의 반대를 물리치고 아버지 연태조의 직책을 계승하여 동부대인에 올랐다. 그리고 서기 641년, 자신을 제거하려는 귀족 100여 명과 영류왕을 죽이고 보장왕을 보위에 앉힌 다음 스스로 대막리지가 되어 정권을 장악했다.

　"고구려를 지키려면 중원(중국 대륙) 세력을 막아야 한다!"

　권력을 쥔 연개소문은 당나라에 맞서기 위해 군사력을 키우는 데 온 힘을 쏟았다.

서기 645년, 당 태종이 대군을 거느리고 고구려에 쳐들어오자, 연개소문은 전 고구려군을 지휘하여 당나라와 혈전을 벌였다. 그리고 마침내 최후의 안시성 싸움에서 양만춘과 힘을 합쳐 당나라군을 크게 이기고 고구려를 지켜냈다.

연개소문에 이어 고구려 구국의 영웅으로 떠올랐던 양만춘도 쓰러져가는 고구려를 지키려고 온 힘을 쏟았다. 그런데 연개소문에 이어 양만춘까지 세상을 떠나자, 고구려는 날로 쇠퇴해 갔다. 군사들의 사기도 크게 떨어졌다.

나라 밖 사정도 고구려를 더욱 어렵게 만들었다. 백제를 멸망시킨 신라는 당나라와 더욱 긴밀하게 연락을 취하며 고구려를 압박해 왔다.

그런데도 고구려의 대신들은 나라의 앞날은 걱정하지 않고, 연개소문의 아들인 남생과 남건, 남산 형제를 등에 업고 정권을 차지하는 데에만 혈안이 되어 있었다.

연개소문이 세상을 떠났을 때, 그의 첫째 아들 남생이 대막리지에 올라 권력을 쥐게 되었다. 남생은 정권을 잡기가 무섭게, 나이 많고 경험이 풍부한 조정 대신들을 물리치고 젊은 인물들로 조정을 바꾸었다. 명분은 나라를 새롭게 바꾸겠다는 것이었지만 권좌에서 쫓겨난 귀족들은 크게 불만을 품게 되었다.

권력의 지도를 새로 바꾼 남생은 고구려를 아버지 연개소문 때처럼 강하게 일으키고, 어지러운 국제 정세도 바로잡고자 했다.

'우리 고구려는 수나라와 당나라를 크게 무찌른 대제국이다! 앞으로 계속 당나라에 맞서 싸우려면 우선 주변 국가들의 동태를 잘 파악해야한다.'

이렇게 생각한 남생은 언제 쳐들어올지 모르는 당나라 군대의 상황을 살피기 위해 국경으로 떠났다.

'대막리지가 성을 비웠다. 그렇다면…….'

남생이 수도를 비우고 변방으로 떠나자, 기회를 엿보던 남생의 반대파들이 남생을 몰아내기 위해 꾸미기 시작했다.

그들이 제일 먼저 찾아간 사람은 다름아닌 남생의 동생인 남건과 남산이었다.

"당신들의 형인 남생 대막리지가 자기 자리를 지키기 위해 장차 당신들을 없애려고 합니다. 이 기회에 대막리지를 죽이고, 권력을 잡으십시오!"

"설마 형님께서 그럴 리가?"

남건과 남산도 처음에는 간신들의 말을 믿으려 하지 않았다. 그러나 권력 앞에서는 형제의 의리도 지켜지지 않았다.

남건과 남산은 결국 간신들과 손을 잡고 형 남생을 몰아내려는 음모에 가담했다.

이 소식은 곧 국경을 순회 중이던 남생에게 전해졌다.

"지금 두 아우들이 대감을 해치고, 대막리지 자리를 빼앗기 위해 음모를 꾸미고 있다고 합니다."

"뭐? 남건과 남생이 내 자리를 탐내?"

깜짝 놀란 남생이 첩자를 평양으로 보내 전후 사정을 알아오도록 했다. 그런데 그 첩자가 그만 남건에게 잡히고 말았다. 이를 알게 된 남생은 감히 평양으로 돌아올 수가 없었다.

"동생이란 녀석들이 감히 형인 나를 죽이려고 하다니……."

남생은 너무나 분하고 억울했다.

"이놈들은 동생이 아니라, 원수야, 원수!"

졸지에 고구려로 돌아가지 못하게 된 남생은 당나라의 힘을 빌어서라도 복수를 해야겠다고 마음먹었다.

"뭐라고! 고구려 대막리지 남생이 제발로 걸어 들어왔다고?"

"예, 폐하께서 허락해 주신다면, 우리 당나라의 힘을 빌려서라도 자기를 배반한 동생들을 치겠답니다."

이 말을 들은 당 고종은 뛸 듯이 기뻐했다.

"하하하하! 드디어 고구려를 멸망시킬 때가 왔구나!"

그 동안 고구려를 없애려고 수없이 전쟁을 벌였지만, 번번이 고구려에 패한 당나라로서는 남생의 투항은 낭보 중의 낭

보였다.

기쁨에 들뜬 당 고종의 입에서 명령이 떨어졌다.

"지금 곧 고구려를 정벌할 원정군을 편성하라! 그리고 이번에 투항한 고구려 대막리지 남생을 원정군의 길잡이로 출전시켜라!"

곧바로 고구려 정복을 위한 당나라의 대대적인 원정군이 편성되었다.

당나라 원정군의 총 병력은 50여 만 명, 군사들의 함성은 천지를 흔들었고, 바람에 펄럭이는 깃발은 하늘을 덮었다. 원정군 총사령관은 나이 80이 넘은 이세적이었다.

당나라 고종은 남생을 당나라의 장수로 임명한 뒤, 원정군의 선두 부대에 배치했다. 이제 남생은 당나라를 위해 조국 고구려를 멸망시켜야 하는 처지가 되었다.

"아니, 뭐라고? 대막리지 남생이 당나라 군대를 이끌고 고구려로 쳐들어온다고?"

"설마 그럴 리가?"

지금까지 당나라를 원수로 알고 싸워온 고구려 백성들에게는 정말 믿기지 않는 일이었다. 남생이 누구인가? 당나라와의 전쟁에 평생을 바친 연개소문의 맏아들 아닌가? 그런 그가 고구려와 불구대천의 원수인 당나라 군의 길잡이가 되어 조국을 치러 온다니! 고구려 군사들은 모두 고개를 가로저으며 믿지 않았다.

그런데 막상 남생이 당나라 군대를 이끌고 나타나 항복하기를 권하자, 고구려 장군들은 모두 혼란에 빠졌다.

얼마 전까지 고구려 최고의 벼슬 대막리지였던 남생의 말을 들어야 할지, 아니면 고구려를 위해 남생과 싸워야 할지 갈피를 잡을 수가 없었던 것이다.

"아~, 고구려의 운명은 이것으로 끝나는구나!"

고구려 변방을 지키던 장수들 중의 일부는 남생의 권유와 협박에 따라 당나라 군에게 항복했다.

"내 명령을 어기고 항복하지 않는 성들은 차례차례 쑥밭으로 만들어 주겠다!"

남생의 협박에도 항복하지 않고 눈치를 보던 성들도 차례차례 당나라 군사들에게 함락되어 갔다.

이처럼 갈수록 불리해져 가는 전세는 시시각각으로 안시성에도 전해졌다.

"우리 안시성이 무너지면 요동 전체가 당나라 군사들에게 유린된다. 죽음으로 사수하라!"

성주 대중상은 온종일 성을 순찰하며 군사들을 독려했다.

요하 유역에 위치한 안시성은 고구려의 요하 방어성들 가운데 요동성에 버금가는 전략적 요충지였다.

신성과 건안성의 중간에 위치한 안시성은 개모성, 요동성, 백암성, 비사성 등이 일시에 함락된다면 방어에 큰 위기가 닥친다. 이와 반대로 안시성의 안위도 요동 지역 여러 성들의 방어에 큰 영향을 미치게 됨은 물론이요, 압록강 북쪽의 오골성, 국내성 등의 수호에도 큰 영향을 미친다.

"우리 안시성이 무너지면 요동 전체가 당나라 군사들에게 유린된다. 죽음으로 사수하라!"

성주 대중상은 온종일 성을 순찰하며 군사들을 독려했다.

"수백 년간 이어져온 우리 고구려를 하루 아침에 당나라에게 내줄 수는 없다!"

안시성 성주 양만춘 밑에서 고구려 장수의 기백을 그대로 이어받은 대중상과 그의 아들 대조영은 죽음을 각오하고 안시성을 굳게 지키려고 했다.

얼마 후 당나라군이 물밀듯이 안시성으로 몰려오자, 대중상은 명령을 내렸다.

"성문을 굳게 닫아라!"

"성 안의 모든 군사와 백성들은 온힘을 다하여 성을 지켜라!"

"안시성이 떨어지면 고구려 전체가 무너진다!"

대중상과 대조영은 당나라 군사와 맞서 당당히 싸웠다.

며칠을 밤낮 없이 공격했는데도 안시성이 끄떡하지 않자, 당나라의 총사령관 이세적은 혀를 내둘렀다.

"연개소문과 양만춘이 죽었다기에 안시성을 깔보았더니 그게 아니로구나! 지금 저 성을 지키는 자가 도대체 누구냐?"

"대중상과 그 아들 대조영이라고 하옵니다."

"대중상과 대조영? 처음 듣는 이름인데 도대체 어떤 자들이냐?."

"예, 지난번 태종 폐하께서 이 곳을 치실 때 성주였던 양만춘의 부하들이라고 합니다."

양만춘이란 이름이 튀어나오자, 이세적은 얼굴을 찡그리더니 고개를 끄덕였다.

"허허, 용장 밑에 약졸 없다더니 그놈들을 두고 하는 말인가 보다. 하여튼 오늘밤 안으로 결판을 내자!"

그날 밤 이세적은 전군을 총동원하여 안시성을 밀어붙였다. 그렇지만 강하게 밀어붙이면 밀어 붙일수록 반격도 더욱 거세어졌다.

"으흠~! 이거 안 되겠구나!"

이세적이 부하 장수들을 불러 모았다.

"아직도 안시성을 떨어뜨리지 못하다니! 몇십만 군사들이 너무 오래 이 곳에 묶여 있는 것 같소."

이세적의 말에 한 장수가 조심스럽게 입을 열었다.

"성이 쉽게 떨어질 것 같지 않습니다. 그러니 이 곳을 포기하고 우선 고구려의 심장부인 평양성부터 공격해야 할 것 같습니다."

그러자 다른 장수가 나섰다.

"안 될 말이오. 안시성을 그대로 두고 간다면 이들이 성을 나와 우리 뒤를 공격해 올 것이오."

이야기를 듣고 있던 이세적이 결단을 내린 듯 좌중을 돌아보며 말했다.

"자, 이렇게 합시다! 여기서 시간을 끌면 곧 추위가 닥쳐 낭패를 볼 것이 뻔하오. 그러니 안시성을 포위할 만큼의 군사들만 남겨 놓고, 나머지 대군은 곧장 평양성으로 향하도록 하시오!"

이튿날 새벽이었습니다.

참모장 걸사비우가 대조영에게 달려왔다.

"장군님, 당나라군이 퇴각합니다!"

"무어! 그게 사실인가?"

대조영이 성 위로 올라가 살펴보았다.

사실이었다. 성을 에워싸고 있던 당나라 군사들이 대열을 지어 떠나는 것이 보였다.

"만세! 당나라군이 물러간다!"

"우리가 이겼다. 만세! 만세!"

성급한 군사들은 성벽 위에서 만세를 불렀다.

"저놈들이 정말 물러가는 것이냐?"

보고를 받고 달려온 대중상이 아들 대조영의 얼굴을 살피며 물었다. 부하들은 기쁨에 들떠 만세를 부르고 있는데, 대조영의 얼굴은 반대로 돌처럼 굳어 있기 때문이었다.

"저놈들은 결코 그냥 물러나지는 않을 것입니다."

"그냥 물러가지 않는다면?"

그러는 동안에도 당나라 군사들은 또아리를 틀고 있던 거대한 구렁이가 또아리를 풀듯이 서서히 포위망을 풀고 어디론가 이동하는 것이었다.

"저놈들은 우리 성이 함락되지 않자, 일부 군사로 우리 성을 묶어 두고, 나머지 군사들로 평양성을 치러 가는 것 같습니다."

아들 대조영의 말에 대중상의 얼굴이 어두워졌다.

"이를 어쩌면 좋단 말이냐! 지금 평양성은 비어 있는 것과 다름이 없는데……. 용맹한 장수와 군사들은 모두 요동성과 여기 안시성, 신성 등 국경쪽으로 나와 있지 않느냐?"

"그렇습니다. 저놈들이 압록강을 건넌다면 평양성은 그야말로 속수무책으로 당하고 말 것입니다."

"으흠! 정말 큰일이로구나!"

대조영은 이세적의 계략을 눈치챈 것이다.

안시성을 포위할 20만 병력만 남겨 둔 이세적은 나머지 30만 대군을 이끌고 평양성으로 향했다.

"이 곳 요동은 가을도 없이 바로 추운 겨울이 닥쳐온다. 이곳에서 30만 대군이 겨울을 맞는다면 얼어 죽고 굶어죽기 십상이다. 어서 단숨에 평양을 함락시키고 귀국해야 한다!"

이세적은 서둘러 압록강을 건넜다.

그 무렵 김인문이 거느린 신라군도 고구려의 남쪽 국경을 넘었고, 백제를 멸망시킨 소정방도 평양성 공격에 나섰다.

사방에서 밀려오는 침략군에게 겹겹이 에워싸인 고구려 도읍지 평양성은 외로운 섬처럼 고립무원의 처지가 되었다.

당나라 이세적이 당나라군을 이끌고 떠난 며칠 뒤, 대중상이 대조영을 불러 말했다.

"평양성이 고립무원의 상태로 구원을 기다리고 있다는구나."

아버지 말에 대조영이 담담하게 대답했다.

"이미 짐작했던 일입니다."

"그럼 어찌 해야 할지도 생각해 보았느냐?"

"왕성이 무너지고 있는데, 변방의 성만 무사한들 무슨 소용이 있겠습니까?"

"물론 그렇지. 그럼 이 안시성은 어찌 해야 좋겠느냐?"

"걸사비우에게 맡기면 어떨까요?"

"걸사비우?"

걸사비우는 말갈족 족장 출신으로 대조영과는 절친한 친구였다. 아직 직급은 낮았지만, 대조영과 함께 양만춘 장군 밑에서 장수의 기상을 익힌 장래가 촉망되는 청년 장수였다.

대중상은 비로소 빙그레 웃었다.

"네가 거기까지 깊이 생각해 두고 있는 줄은 미처 몰랐구나. 네 말을 들으니 이제야 마음이 좀 놓이는구나. 너는 역시 연개소문 대막리지님이나 양만춘 성주님을 이을 훌륭한 장재인 것 같구나."

아버지의 칭찬에 대조영이 소년처럼 부끄러운 미소를 지으며 말머리를 돌렸다.

"그럼, 지금 곧 걸사비우를 데려오겠습니다."

잠시 후 걸사비우와 대조영이 대중상 앞에 나타났다.

"걸사비우, 아버님께서 자네에게 이 성을 맡기시려 하네! 나는 아버님을 모시고 당장 평양성을 구하러 가야 해."

"장군님!"

걸사비우가 대중상 앞에 허리를 굽혔다.

"걸사비우, 이 안시성은 이제 자네 손에 달려 있네!"

"신명을 바쳐 성을 지키겠습니다."

"자 그럼 조영아, 어서 출전 준비를 하자. 당나라 군사들이 눈치채지 못하도록 은밀히 움직여야 한다."

"예."

안시성 성내의 군사들 움직임이 바빠지기 시작했다.

그 날 밤, 대중상과 대조영은 날랜 군사들을 이끌고 무사히 성을 빠져나갔다.

"자, 달려라! 평양성으로."

대중상이 거느린 군사들은 밤낮을 가리지 않고 달렸다. 그러나 하늘은 무심했다.

갈 길이 바쁜 그들 앞에 장대 같은 장맛비가 쏟아졌다.

단 며칠간의 장맛비에 드넓은 요하의 들판은 수렁 같은 늪으로 변했다. 푹푹 빠져드는 늪지대에서는 대조영이 탄 준마도 제대로 힘을 쓰지 못했다.

대조영은 입술이 바짝바짝 타들어 가도록 초조했다.

"이러다간 칼 한 번 못 써 보고 평양성이 함락되겠군!"

대조영의 마음을 눈치챈 대중상이 말했다.

"초조히 생각하지 말아라. 세상 모든 일은 하늘의 도움이 있어야 이룰 수 있느니……."

"그렇다고 이렇게 하늘만 보고 기다릴 수야 없지 않습니

까!"

"시작이 있으면 끝이 있는 게야."

"그렇다면 아버님, 고구려의 운명도……."

"그래, 진작부터 예견했었다."

"그럼 무엇 하러 여기까지……."

"우리는 나라의 녹을 먹고 있는 장수 아니냐? 결과야 어떻든 맡은 바 직책에 최선을 다할 수 밖에. 그리고 또한……."

"……."

"진인사대천명(盡人事待天命)이란 말이 있다. 사람이 최선을 다한 뒤에는 천명을 기다려야 한다는 뜻이지. 그게 세상의 이치니라."

대조영이 고개를 끄덕이며 조용히 물러섰다.

아버지 대중상은 오래 전부터 고구려의 멸망을 예견하고 있었던 것이다.

대중상의 예측대로 평양성은 이미 오래 전부터 망국의 징조가 보이고 있었다. 언제부터인가 상서롭지 못한 흉흉한 소문이 꼬리를 물고 돌아다녔다.

처음에는 동명성왕의 어머니 석상이 피눈물을 흘린다는 소문이 나돌았다.

"어찌 이런 괴이한 일이? 이건 분명 나라가 망할 징조야!"

그런가 하면, 멀리 안시성에서는 100년 묵은 여우가 밤새

울다가 사라졌다는 소문이 평양성까지 들려왔다.

"어휴, 흉측해라!"

백성들은 머리를 저으며 귀를 막았다.

얼마 뒤 평양성을 흐르는 하천이 사흘 동안이나 핏빛으로 물들었다는 소문과 함께 나라의 우뚝한 기둥이던 대막리지 연개소문이 세상을 떠나더니, 뒤이어 양만춘 장군마저 세상을 떠났다. 그리고는 마침내 당나라의 공격이 시작된 것이었다.

그래도 전쟁 초기에는 평양성의 민심은 비교적 담담했다.

"설마, 여기까지야!"

성안 백성들은 전쟁이 압록강 건너 수 천리 밖에서 들리는 소문이려니 했다. 이전에도 고구려를 침략했던 수나라나 당나라 대군을 을지문덕이나 연개소문, 양만춘 장군 등이 평양성에 이르기 이전에 모조리 물리치지 않았던가? 이번에도 그러려니 했다.

그렇지만 이번에는 달랐다.

순식간에 신라와 당나라 군사가 평양성을 에워싸고 달려들었다.

"뭐? 나당 연합군이 벌써 여기까지?"

성안 백성들은 큰 소용돌이에 휩싸였다. 거기다가 압록강을 넘어 온 이세적의 군사들이 합세했다.

"단숨에 성을 함락시켜라!"

이세적의 고함 소리가 성 안에까지 들려왔다. 당나라군의 공격은 밤낮없이 계속되었다.

성을 지키는 고구려 군사들도 열심히 싸웠다. 성 안의 백성들도 돌을 주워 모자라는 화살 대신 사용했다. 또 물을 끓여 성벽으로 기어오르려는 당나라 군사들 머리 위에 쏟아 붓기도 했다. 그러나 대중상의 예언대로 기울어가는 나라의 운명은 막을 수가 없었다.

백성들의 사기는 차츰 떨어지고, 성을 지키는 고구려 군사

들의 수효도 줄어들었다.

"구원병은 언제 도착하려나······."

평양성의 백성들은 장맛비가 쏟아지는 궂은 날씨 속에서도 구원병들이 도착하기만을 애타게 기다렸다. 그들은 지독한 장맛비가 구원병들의 발길을 붙잡고 있는 줄을 까맣게 모르고 있었다.

당나라 군사들은 더욱 거세게 성을 공격했다.

"구원병들이 오기 전에 평양성을 함락시켜야 한다!"

당나라 군사들은 쏟아지는 빗속에서도 성벽을 부수는 충

차와 돌을 날리는 비석기를 앞세워 숨돌릴 틈도 주지 않고 성을 공격했다.

그런데 나라를 망치게 하는 적이 성 밖에만 있는 것이 아니었다. 성 안에도 당나라 군과 내통하는 첩자가 있었던 것이다. 고구려 승려 신성이 바로 이세적에게 매수당한 첩자였다.

신성이 은밀히 남산을 찾아와 말했다.

"막리지님, 이제 평양성은 곧 무너집니다. 성안에 있다가 몰살당하지 말고 당나라 군에게 항복하여 목숨을 보전하시지요."

"뭐? 날더러 당나라 군에게 항복하라고?"

"소승이 이미 당군 총사령관 이세적에게 막리지님에 관한 약조도 받아 놓았습니다. 막리지님이 성문을 열고 나가면 이세적 장군이 반갑게 맞아줄 것입니다."

"그래도 어떻게 나만 살겠다고 혼자 빠져 나갈 수 있겠느냐?"

"좋습니다. 그러면 제가 다른 대신들도 만나 서로 의견을 나누어 보겠습니다."

"믿어도 되겠느냐?"

"예, 소승의 목숨을 걸겠습니다."

신승의 꾐에 빠진 남산이 마침내 자기와 가까운 신하 99명과 함께 성문을 열고 빠져나와 이세적에게 항복했다.

"와아! 성문이 열렸다!"

성문이 열리기 무섭게 당나라 군사들이 밀물처럼 쏟아져 들어왔다.

"아, 평양성이 함락했다!"

성 안은 삽시간에 참혹한 아수라장으로 변했다. 당나라 군사들은 닥치는 대로 사람을 죽이고 재물을 약탈했다. 평양성 안은 사방에 불길이 오르고 수많은 병사와 백성들이 이리저리 달아나다 목숨을 잃었다.

드넓은 요동 벌판을 무대로 배달 민족의 혼을 떨치며, 중국인들의 가슴을 써늘케 하던 고구려, 동아시아 대륙을 호령하던 대제국 고구려가, 동명성왕이 개국한 지 700여 년만에 마침내 이처럼 허망하게 막을 내리고 말았다.

한편 평양성의 사정을 모르는 대중상과 대조영이 군사들을 이끌고 압록강에 도착하였을 때였다.

대조영은 평양성에서 도망쳐 온 패잔병에게서 그 동안에 있었던 놀라운 소식을 전해 들었다. 평양성이 함락되어 불타고 있으며, 보장왕과 남건은 당군에게 항복하고 나머지 대신이나 장수들도 사로잡히거나 죽었다는 기막힌 소식이었다.

"아. 역시 고구려가 이렇게 망하는구나!"

대중상이 말에서 내려 털썩 주저앉았다.

"아버지!"
황급히 말에서 뛰어내린 대조영이 아버지를 부축했다.
"휴우!"
대중상이 겨우 일어나 말에 오르자, 한 장수가 대중상에게 다가오며 소리쳤다.
"성주님, 우리 폐하와 신하들이 당나라 포로가 되었다면 어서 당나라 놈들을

깨부수고 구해내야지요!"

그러자 대중상이 고개를 저으며 조용히 말했다.
"이미 때가 늦었다. 군사는 사기를 가지고 싸우는 것이다. 지금 평양성을 무너뜨리고 폐하를 포로로 한 당나라 군의 사기는 하늘을 찌르고 있을 것이다. 설사 흩어진 우리의 패잔병을 모두 다 모은다 해도, 이미 땅에 떨어진 사기로 어찌 저들을 당해 낼 수 있단 말인가?"
"그럼, 우리는 어떻게 해야 합니까?"
대조영이 아버지에게 물었다.
"소나기는 피해 가라는 말이 있다. 우선은 몸을 낮추고 있다가 후일을 도모해야 한다."
"후일이라니요?"
대조영의 말에 대중상이 눈썹을 치켜 올리며 말했다.
"당나라는 틀림없이 고구려의 씨를 말리려 할 게다."

"고구려의 씨를 말려요? 그럼 고구려 백성 모두를 죽인다는 말인가요?"
"고구려의 씨를 말린다는 말이 꼭 모조리 죽인다는

말은 아니다. 고구려 유민들을 고구려의 영토에서 끌어내어 중국 변방 어디론가 강제로 이주시킬 것이 분명하다. 얼마 전 멸망한 백제의 백성들도 그렇게 되었다."

"그럼, 우리도 이 곳을 떠나야 하나요?"

"물론이지. 고구려 백성을 따라가야 우리의 군대를 다시 만들 수 있으니까."

대중상의 말에 대조영의 눈이 번쩍 빛났다.

"우리의 군대요?"

"암, 고구려의 군사를 다시 일으켜야지. 어딜 가더라도 우리는 고구려 사람이니까!"

평양성을 함락하여 고구려를 멸망시킨 당나라는 고구려 수도였던 평양에 안동도호부를 설치했다. 안동도호부에는 2만의 당군을 주둔시키고, 당나라 대장군인 설인귀를 안동도호부의 도독으로 임명했다.

당나라가 평양에 설치한 안동도호부는 고구려의 옛 땅을 관리하는 데에만 목적이 있는 것처럼 보였지만, 실은 또 다른 음흉한 속셈이 숨어 있었다. 그것은 안동도호부를 한반도에 마지막으로 남은 신라를 정복하기 위한 전진 기지로 삼는 것이었다. 결국 당나라는 우리 한반도를 몽땅 집어삼키려고 그 동안 호시탐탐 노려온 것이었다.

당나라는 고구려 전국을 효과적으로 다스리기 위해 고구려 옛 땅을 9도독부 46주 100현으로 나누었다. 그리고 각 주의 우두머리에는 고구려인을 뽑아 다스리게 했다. 그러나 그것은 속임수에 불과했다. 그들이 임명한 고구려의 우두머리는 허수아비일 뿐, 실제로는 당나라 관리들이 통치를 맡았다. 그리고 그렇게 철저하게 통치하면서도 당나라는 고구려인의 저력을 겁내고 있었다.

당 고종은 대신들에게 이렇게 명령을 내렸다.

"짐은 '고구려'라는 말만 들어도 등골이 서늘하다. 우리 수나라나 당나라를 그렇게 끈질기게 괴롭히던 나라 아닌가! 그러니 고구려라는 불씨가 다시는 살아나지 못하도록 고구려 유민들을 산산이 흩어 놓도록 하라!"

고종의 말에 대신들이 허리를 굽히며 아뢰었다.

"지당하신 분부이십니다. 고구려가 다시는 일어서지 못하도록 철저히 다루겠습니다."

그리하여 669년, 고구려인의 저항을 원천적으로 봉쇄하기 위해, 고구려 유민 2만 8천 2백 호의 상류 계급 유민들을 당나라 땅으로 강제 이주시키기 시작했다. 이는 고구려 말기의 인구 69만 7천호의 약 20분의 1에 해당하는 인구였다.

고구려인들을 이주시킬 예정지는 요하를 건너 당나라 땅 깊숙한 지역으로, 멀리는 지금의 양쯔강 이남에서 허베이와

허닌성 일대, 간쑤 등의 거칠고 황무지 같은 허허벌판이었다.

그런데 막상 수많은 고구려 유민들을 당나라 깊숙한 지방으로 이주를 시키다 보니, 물적 인적 피해가 너무도 컸다. 가는 길이 너무도 멀고 험했기 때문이었다. 먼 여행길에 지친 노약자들이 수도 없이 죽어갔고, 멀쩡한 청년들은 굶주림을 견디지 못해 밤마다 탈주를 하기 시작했다.

"이거 도저히 안 되겠군!"

"이렇게 가다가는 고구려 포로들이 모두 죽거나 달아나서 남을 놈이 없겠어!"

포로로 끌려가는 고구려 백성들은 물론이요, 이들을 강제로 끌고 가는 당나라 관리들에게도 고구려 유민의 이주는 고역 중의 고역이 아닐 수 없었다. 결국 이들 고구려 유민들의 이주 행렬은 마침내 영주 땅에서 멈추고 말았다.

영주 땅의 유민들

대중상과 대조영 일가가 고구려 유민이 모여 사는
지방으로 옮겨 오자, 고구려 유민 사회에
큰 파문이 일었다.

　　　　　　영주 지방은 요하 건너편 수 백리에 걸쳐서 펼쳐진 넓은 땅으로, 당나라 수도에서 멀리 떨어진 변방 지역이었다.
　"자, 여기다! 이 곳이 앞으로 너희들이 살 땅이다."
　당나라 군사들의 말에 고구려 포로들은 우선 지치고 고단한 다리를 주물렀다. 그렇지만 사방을 둘러보고 난 그들의 입에서는 긴 한숨이 절로 새어 나왔다.
　"휴우, 세상에! 사방이 허허벌판이잖아."
　"여기서 대체 뭘 해먹고 살아간단 말이냐?"
　젊은이들이 투덜대는 소리를 듣고 나이 든 어른들이 가만히 타일렀다.

"그래도 살아야지, 죽을 수야 있는가?"

"암, 우선 목숨을 부지해야 고구려의 옛 땅을 찾을 것이 아닌가?"

"자, 그러니 어서 힘을 내세!"

고구려 유민들은 허기진 배를 움켜쥐고 임시로 거처할 움막을 엮거나 굴을 파기 시작했다. 집을 마련한 다음에는 황무지를 개간하여 씨를 뿌렸다.

가진 것 없는 빈손으로 황무지를 일구어 삶의 터전을 만드는 일은 쉽지 않았다.

"에이, 이러느니 차라리 죽는 게 낫겠어!"

"예끼, 무슨 소리! 전쟁터에서 간신히 건진 귀한 목숨이야. 열심히 살아야지!"

삶에 지친 고구려 사람들은 서로를 격려하고 위로하며 삶의 터전을 넓혀갔다.

요동 반도를 장악하고 천하를 호령하던 대제국 고구려가, 이대로 당나라에 멸망하여 역사 속에서 사라지고 말 것인가?

형식적으로는 9월 평양성이 함락되고 보장왕이 항복하였으니, 고구려가 멸망한 것은 분명했다. 하지만 아직도 당나라 군사가 점령하지 못한 고구려의 성이 10여 개에 달했다.

그런가 하면 고구려 장수 고연무 장군은 신라군과 연합하여 압록강 건너에 있던 당나라군을 크게 무찌르기도 했다.
"고구려는 쉽게 망하지 않는다!"
비록 나라를 잃었다고는 하지만, 수백 년간 중국 세력을 견제하며 굳건하게 민족성을 이어온 고구려 백성들의 자부심은 그리 쉽게 무너지지 않았다.
안동도호부는 사방에서 들고 일어나는 고구려 유민들의 반란을 진압하느라 쩔쩔맸다. 그래서 당나라 조정은 평양에

있던 안동도호부를 요동으로 옮기고, 포로로 잡아갔던 보장왕을 '요동주도독'으로 임명하여 고구려 유민들을 다스리게 했다.

그러자 흩어졌던 고구려 유민들이 속속 보장왕 주위로 모여들었다. 보장왕의 측근 인물 중에는 대조영의 아버지 대중상도 들어 있었다.

"전하, 잃었던 옛 고구려를 다시 세워야 합니다!"
"전하, 결단을 내려 주소서!"

그들은 보장왕에게 눈물로 호소했다. 보장왕의 마음도 크게 흔들렸다.

"그래, 고구려 옛 땅을 다시 찾자!"

보장왕은 고구려 유민을 모아 힘을 길렀다. 그러는 한편, 만주 지방에 흩어져 있던 말갈족 추장 미출기에게도 서신을 띄워 도움을 청했다.

그런데 보장왕의 서신을 받은 미출기는 엉뚱한 마음을 품었다. 이 기회에 당나라 황제에게 포상을 받으려고 보장왕의 계획을 밀고해 버린 것이었다.

"뭐라고! 고구려 보장이 반역을 꾸민다고?"

당나라 고종은 펄쩍 뛰었다. 그리고 곧 신하를 보내어 보장왕을 장안으로 압송했다. 그리고는 후임으로 조문홰를 영주 도독으로 임명했다.

이렇게 해서 보장왕을 중심으로 고구려를 부흥시키려던 계획은 허무하게 수포로 돌아갔다.

684년, 대조영 일가가 영주로 이주한 지 어느덧 16년이란 세월이 흘렀다.

그 동안 대중상과 대조영은 한시도 고구려를 잊은 적이 없었다. 비록 보장왕과 손을 잡고 고구려 복원을 꾀하다 실패하고, 보장왕이 당나라 남쪽으로 귀양을 가 있기는 하지만…….

어느 날, 대중상이 대조영을 비롯한 가족들을 한 자리로 불렀다. 영주로 이주해 온 16년 동안 대조영 일가는 크게 번성했다. 대조영의 동생 대야발은 이미 중년에 접어들었고, 대조영의 아들 대무예, 대문예 형제도 이제 30대의 청년 장수가 되어 있었다. 특히 무예는 이름에 걸맞게 매우 건장한 체격과 뛰어난 무예를 지니고 있었는데, 웬만한 장수는 그 앞에 서기만 해도 주눅이 들어 숨을 크게 쉬지 못할 정도였다.

잠시 가솔들을 둘러보던 대중상이 엄숙하게 입을 열었다.

"우리가 이 영주로 이주한 지도 벌써 16년이 흘렀다. 지금까지는 우리의 신분을 드러내지 않으려고 신중하게 행동했지만, 앞으로는 우리도 같은 민족인 고구려 유민의 영역으로 들어가서 저들과 어울려야겠다. 그래야 우리의 힘을 기를 수 있다."

"옳은 말씀입니다. 아버님!"

아들 대조영도 크게 환영하고 나섰다.

대조영 일가가 자리잡은 곳은 말갈족의 정착지와 가까웠다. 회의를 마칠 무렵 걸걸중상이 대조영에게 물었다.

"말갈의 걸사비우의 근황은 어떠한가?"

"때를 기다리며 군자금을 모으고, 군사들을 열심히 조련하는 것으로 알고 있습니다. 거의 우리와 비슷한 전력을 확보하고 있는 것으로 압니다."

"그래? 걸사비우의 종족은 요동에서부터 우리와 생사를 함께 한 형제다. 우리가 손만 내밀면 언제든 신속히 달려올 수 있도록 늘 사이를 돈독하게 하고, 무기도 서로 교환하도록 해라."

"예, 걸사비우와는 20년 지기이니, 같은 형제나 다름없습니다."

"언젠가 걸사비우가 우리에게 큰 힘이 될 날이 올 것이야. 대무예, 대문예도 걸사비우를 아버지처럼 깍듯이 모시도록 하라."

"예, 알겠습니다."

조영의 두 아들이 허리를 굽히며 대답했다.

대중상과 대조영 일가가 고구려 유민이 모여 사는 지방으로 옮겨 오자, 고구려 유민 사회에 큰 파문이 일었다.

"대중상 장군이 오셨다!"

"대조영 장군도 함께 오셨어!"

대중상과 대조영을 알아보는 고구려 유민들은 기대에 부푼 눈으로 그들을 새로운 지도자로 대했다.

"이제부터 우리 고구려 유민들을 이끌어 주십시오."

"장군님, 우리가 할 일을 일러 주십시오."

"당나라 놈들의 눈치를 보면서 사는 건 이제 지긋지긋합니다."

그렇지만 대중상은 쉽게 마음을 열지 않았다.

"세상 모든 일에는 때가 있습니다. 우선 조용히 힘을 기릅시다."

"조용히 힘을 길러요?"

"그래요. 힘이 있으면 기회는 언제든 옵니다."

대조영은 고구려의 젊은 유민들을 은밀히 모아 군인으로서 갖춰야 할 무예와 병법을 가르쳤다.

"이제 머지 않아 우리 힘으로 고구려를 다시 세울 수 있게 되었다!"

이런 소문이 입에서 입으로 퍼지자, 몰려드는 유민의 수는 하루가 다르게 불어났다.

군사 훈련은 대조영의 지휘 아래 무예와 문예 두 아들이 맡았다. 그런데 문제는 병사들에게 나눠 줄 병기가 모자라는 것이었다.

어느 날, 무예가 대조영을 찾아와 말했다.

"아버님, 모여드는 군사들은 하루가 다르게 불어나고 있는데, 병장기가 없으니 어떻게 하지요? 군사들이 맨주먹으로 싸울 수는 없지 않아요?"

무예의 말에 대조영이 목소리를 낮추어 말했다.

"걱정 마라. 병장기는 할아버지께서 수년 전에 요동성에 있는 보장왕의 손자 되시는 고보원 전하에게 부탁하셨단다. 그리고 지금 내가 한 이야기는 절대 비밀이다. 네 동생에게도."

"예, 잘 알겠습니다."

무예가 기쁜 표정으로 물러갔다.

대중상과 대조영은 점점 병력을 키워 나갔다. 다행히도 그 지방을 맡고 있는 당나라 관리는 유민들의 동향에는 큰 관심을 기울이지 않았다. 그것은 당나라가 고종이 죽고 난 뒤 혼란기에 있었기 때문에 그들은 중앙 황실 눈치 보기에 바빴다.

당 고종이 죽자, 그의 후궁이었던 '측천무후'가 재빨리 자기 소생인 '단'을 황제 자리에 앉힌 다음, 모든 권력을 한 손에 쥐고 정사를 마음대로 처리했다.

당나라 황실이 권력 다툼으로 어수선해지자, 변방에 대한 관리도 느슨해졌다. 특히 황실이 있는 장안에서 멀리 떨어진 요하 지방은 조정의 장악력이 급속히 떨어졌다. 그러자 드넓은 변방인 요하 주위의 피지배 민족들이 부산하게 움직였다.

고구려 유민들도 대중상과 대조영을 찾아와 대책을 물었다. 그러나 대중상은 매사에 신중을 기했다. 대중상이나 대조영이 아직까지 목숨을 부지할 수 있는 것도 함부로 자신을 들어내지 않고 매사에 함부로 나서지 않은 덕택이었다. 행동이 좀더 자유로워졌다고는 하지만 아직까지는 고구려 유민 대부분이 당나라 포로의 신분에서 벗어나지 못한 처지였다.

"결코 자신을 앞에 내세우지 말라!"

이제 대중상은 은밀히 고구려 유민 수천 호를 거느리게 되었으며, 계속해서 그 세력권을 넓혀가고 있었다.

나라를 잃고 신음하는 고구려 유민 사이에서 대중상과 대조영은 그들의 꿈을 이루어 줄 태양과 같은 존재였다. 그래서 고구려 유민이 모인 자리에는 언제나 대중상과 대조영의 이름이 오르내렸다. 그만큼 소중한 지도자로 생각했기 때문이었다.

그런데 가끔은 이런 경우도 있긴 했다.

"자네, 대중상 장군을 아는가?"

"글쎄?"

"아니 글쎄라니, 아직 대중상과 대조영 장군을 몰라?"

"어디선가 들어 본 이름인 것 같기는 한데……."

"허어, 이 사람. 아니 양만춘 장군과 함께 안시성을 지키시던 대중상 장군을 몰라?"

"그런데 그 분이 왜?"

"이 영주에 계신다고."

"뭐, 그런 분이 영주에 계시다고?"

"그래, 그 어른이 언젠가 우리 고구려 유민을 규합하여 당나라와 싸울 거라네."

"그게 사실이야? 어디야? 그분 계신 곳이. 나도 그 장군을 도와 싸워야지!"

"쉿, 아직은 아니네. 그렇지만 멀지는 않았네. 이제 곧 대중상 장군이 고구려 땅을 되찾기 위해 거사를 할 것이라네."

"좋아! 그런 장군 밑에서 고구려를 다시 세우는 일이라면 싸우다 죽는다 해도 여한이 없겠네."

대중상과 대조영의 이야기는 입에서 입으로 고구려 유민 사회에 넓게 퍼져나갔다. 소문이 퍼져 나갈수록 대중상의 집은 그를 보려고 모여드는 고구려 유민들로 장사진을 이루었다.

찾아오는 유민 중에는 하루 빨리 고구려를 복원할 거사를 재촉하는 사람들도 있었다.

"장군님, 언제쯤 거사를 하실 작정이십니까? 그 생각만 하면 가슴이 뛰어 손에 일이 잡히지 않습니다요."

그럴 때마다 대중상은 미소 띤 얼굴로 손을 내저으며 보채는 사람들을 달래었다.

"아직은 아니요! 좀 더 두고 기회를 봅시다."

대중상은 고구려 유민들의 저력을 굳게 믿었다. 하지만 아직은 때가 아니라고 생각해서 자신의 존재를 드러내지 않으려고 애썼다.

대조영의 분노

"이봐, 거기 톱질하는 늙은 당나귀! 빨리빨리 손 놀리지 못해!"
"저, 저 말씀입니까?"
"그래! 톱질하는 늙은 당나귀가 네놈 말고 또 있어?"

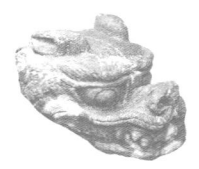

고구려 유민들의 생활은 좀처럼 나아지지 않았다. 그래서 그들이 대중상과 대조영에게 거는 기대는 날이 갈수록 커졌다. 고구려 유민들의 고통을 몸으로 느끼며 대중상의 꿈은 점점 더 또렷해졌다.

어느 날, 대중상은 아들과 손자를 모아놓고 입을 열었다.

"내 꿈은 우리 고구려 유민을 이끌고 고구려의 옛 땅으로 돌아가는 것이다. 드넓은 고구려의 옛 땅, 그 고구려로 돌아가자!"

"예, 아버님! 아버님을 모시고 조국으로 돌아가도록 하겠습니다."

대중상의 원대한 꿈은 두 아들 대조영과 야발, 손자인 무예와 문예에게도 그대로 이어졌다.
"그렇지만 아직은 드러내지 마라."
자칫 이 말이 당나라 군사에게 새어 나가기라도 하면, 꿈을 펼쳐 보기도 전에 온 가족과 많은 유민들이 큰 화를 당할 것이 뻔했다.

햇볕이 쨍쨍 내리쬐는 어느 여름 한낮이었다.
이렇게 무더운 한낮에는 모두들 일손을 놓고 잠시 쉬며 더위를 피했다. 그런데 사람의 그림자도 얼씬대지 않는 뜨거운 한낮에 유독 쉬지 못하고 일하는 곳이 있었다. 영주 도독 조문홰의 별장을 짓는 건물 공사장이었다.
"이놈들아, 빨랑빨랑 움직이지 못해! 도독님 생신 전에 마쳐야 할 공사라는 것을 모르지 않겠지!"
감독을 맡은 당나라 병사는 며칠 남지 않은 조문홰의 생일 전에 별장을 완공해야 한다며 일꾼들을 잠시도 쉬지 못하게 내몰았다.
공사장에서 일하는 열댓 명의 목공들 대부분이 고구려에서 잡혀온 포로들이었다. 포로 중에는 말갈족이나 거란족도 있었지만, 그들은 고구려 사람들처럼 정교한 건축 기술을 가지고 있지 못했다.

목공들의 손은 한낮의 무더위에 지쳐 느리기만 했다. 그중에서도 톱질을 하는 늙은 목공의 손이 눈에 띄게 느렸다. 그러자 그늘에서 감독하던 당나라 군사가 가죽 채찍을 쥐고 벌떡 일어섰다.

"이봐, 거기 톱질하는 늙은 당나귀! 빨리빨리 손 놀리지 못해!"

그러자 톱질하던 늙은 목공이 흠칫 몸을 떨었다.

"저, 저 말씀입니까?"

"그래! 톱질하는 늙은 당나귀가 네놈 말고 또 있어?"

새파랗게 젊은 감독관이 놀리듯 빙글대며 늙은 목공 쪽으로 어슬렁어슬렁 다가갔다.

"어이쿠!"

당황한 늙은 목공이 겁먹은 표정으로 허둥대며 톱질을 했다.

그렇지만 아무래도 힘에 부친 듯 거친 숨을 헐떡였다.

"더, 더, 더, 더 빨리! 난 지금 너만 보고 있단 말이야!"

당나라 감독은 잡은 쥐를 가지고 장난치는

고양이처럼 낄낄대며 늙은 목공을 닦달했다.
"헉, 헉, 헉!"
마침내 거친 숨을 내쉬던 늙은 목공이 힘없이 옆으로 쓰러졌다.
"오~, 이제 꾀를 부려!"
당나라 군사가 기다렸다는 듯 가죽 채찍을 휘둘렀다.
"짝!"
가죽 채찍이 늙은 목공의 등줄기 속으로 파고들었다.
"으악! 살, 살려 주세요!"

늙은 목공이 비명을 지르며 두 손을 모아 싹싹 빌었다.

"아니, 누가 네놈을 죽인다고 했냐? 가죽 채찍 맛만 조금 보여 줬을 뿐인데."

이 때였다. 아직 앳된 얼굴을 한 청년이 감독관에게 달려가 애원하듯 매달렸다.

"감독님! 아, 아버지께서는 어제 저녁부터 아무것도 못 드시고!"

"왜, 오늘 꾀를 부리려고 아무것도 안 먹은 거지? 그런데 네놈은 대체 누구냐!"

"아, 아들입니다."

그러자 늙은 목공이 아들 쪽을 보며 소리쳤다.

"해모야, 너는 나, 나서지 마라!"

"아버지! 이렇게 사느니 차라리!"

아들이 한달음에 달려가 늙은 아버지를 부둥켜안았다.

이 모습을 지켜보는 고구려 포로들의 얼굴이 금세 폭발할 듯 분노로 일그러졌다.

"어, 이놈들이?"

포로들의 분위기를 파악한 감독이 부근에서 낮잠을 자고 있던 동료 군사들 쪽을 보며 소리쳤다.

"이봐, 여기 반항하는 놈들이 생겼어!"

"뭐? 반항!"

사태는 걷잡을 수 없이 커져 갔다.

"반항이라니? 대체 어느 놈이야!"

험상궂은 표정을 한 당나라 병사들이 우루루 달려왔다.

"바로 저 두 놈이야!"

채찍을 든 병사가 아직도 부둥켜안고 있는 아버지와 아들을 가리켰다.

"포로들이 반항하면 사형이란 걸 아직도 모르는 놈이 있어? 내가 지난번에 너희들에게 누누이 말했잖아? 너희들 포로 목숨은 파리 목숨이니 숨도 크게 쉬지 말라고!"

험상궂게 생긴 당나라 병사 하나가 칼을 치켜들고 두 사람에게 다가갔다.

"쯧쯧, 또 아까운 목숨들이……."

이 모습을 지켜보는 고구려 포로들은 공포와 분노로 부들부들 떨었다.

"이 애는, 우리 아들은 잘못이 없으니 살려 주십시오! 얘야, 넌 어서 네 자리로 가거라."

아버지가 떨어지지 않으려는 아들을 자기 몸에서 밀쳐내려 애를 썼다. 그러자 칼을 들고 다가간 당나라 군사가 매몰차게 말했다.

"가긴 어딜 가? 난 지금 어떻게 칼을 내려쳐야 너희 두 놈을 단칼에 죽일 수 있을까 궁리하던 중인데."

그런데 아까부터 조금 떨어진 나무 그늘에서 이 모습을 뚫어지게 지켜보는 말을 탄 사나이가 있었다.

"저런 죽일 놈들!"

사나이는 품 속에서 단검을 뽑아들었다.

두 부자 앞에서 칼을 뽑아든 당나라 병사가 고구려 포로들을 둘러보며 말했다.

"자, 너희들도 잘들 봐 두라구. 어떻게 하면 단칼에 두 놈을 죽일 수 있는지 말이야."

말을 마친 병사가 칼을 높이 치켜들었다.

이 때였다

"휙!"

휘파람 소리 같은 날카로운 소리가 들리는 듯하더니

"헉!"

하며 칼을 치켜들었던 당나라 병사가 갑자기 칼을 떨어뜨리며 땅바닥에 털썩 주저앉았다.

공중을 가르고 날아온 비수가 정확히 심장에 꽂힌 것이었다.

"누구야!"

깜짝 놀란 당나라 병사가 쓰러진 동료 병사를 안아 일으키며 소리쳤다.

"나다!"

번개처럼 나타난 사내가 쓰러진 병사를 안고 허둥대는 병사의 옆구리를 발로 내질렀다.

"큭!"

옆구리를 가격당한 병사가 픽 쓰러지며 두 발을 부르르 떨었다. 사나이는 널브러진 두 명의 병사를 끌어다가 쌓여 있는 나무기둥 사이에 숨기며 말했다.

"놀라지 마시오. 나도 고구려 사람이오."

번개처럼 당나라 병사를 처리한 사나이는 넋을 잃고 서 있는 고구려 포로들에게 말했다.

"마침 사람들 왕래가 뜸한 시각이라 다행이오. 어서 뿔뿔이 흩어져 성을 빠져 나가시오. 그리고 오늘밤 여기로……."

사나이가 낮은 소리로 찾아올 곳을 알려 주었다.

그날 오후, 대조영이 아버지 대중상을 찾았다.

"아버님, 오늘 부득이 당나라 병사 둘을 해치웠습니다.

"아니, 뭐라고? 당나라 병사를 둘이나 해치우다니. 그 만큼 신중하라고 당부했거늘."

"저도 꾹 참으려고 했지만, 놈이 동포들을 죽이려고 했기 때문에 도저히 참을 수가 없었습니다."

"큰일을 하려면 먼저 자기 자신을 이겨야 하느니라. 앞으로는 절대 경거망동하지 말아라."

"예. 그런데 아버님, 요즘 거란 일족들이 영주성을 치려 한다는 소문이 나돌고 있습니다."

"그런 소문은 나도 듣고 있었다. 그런데 넌 어디서 그런 소문을 들었느냐?"

"시중에 그런 소문이 나돌고 있습니다. 그래서 만약 그런 일이 일어나면 우리도 호응하여 영주 도독을 칠 기회가 있을까 해서, 사람들의 활동이 뜸한 한낮에 영주 성 안의 지형을 정탐하고 있었습니다. 그런데 그만 난처한 일이 벌어져서……."

대조영은 자신이 저지른 일을 대충 대중상에게 들려 주었다.

"제 신분은 밝히지 않고 밤에 저쪽 흑림 큰 바위 밑으로 오라고 했으니, 탄로날 염려는 없을 것입니다."

"그럼, 병사 수가 십수 명 더 늘겠군."

"아마 그럴 것 같습니다."

"그런데 영주 성은 언제 쳐야 합니까? 당나라에 대한 반감이 워낙 높아 지금 치면 호응하는 유민들이 아주 많을 것 같은데요."

대조영의 말에 대중상은 고개를 저었다.

"모난 돌이 정 맞는다고 했다. 지금 같은 난세에 서두르는 자는 파멸을 자초할 뿐이니라! 이제 때만 기다리면 된다. 지금 당나라는 조정에서부터 곪아터지고 있으니까."

이진충의 난

이진충의 군사들은 성문을 지키던 병사들을
물리치고 조문홰의 관사쪽으로 몰려갔다.
성 안에는 5만 여 명의 당군이 주둔하고 있었지만,
대부분 술에 곯아떨어져 반란군이 성 안으로
들어온 줄도 까맣게 모르고 있었다.

696년의 일이었다. 영주 도독 조문홰에 대한 고구려와 거란 유민들의 원성이 하늘을 찌를 듯했다.

당나라 조정에서는 멸망시킨 고구려나 거란 유민들을 달래어 자기 백성처럼 대한다는 것을 보여 주려고 여러 가지 조치들을 취했다. 그렇지만 이런 정책들이 지방 관청까지는 전달되지 못했다. 뇌물을 주고 관직을 산 부패한 당나라 관리들이 자신의 배를 채우려고 자기 관하의 유민들을 무자비하게 착취했다.

"어휴, 망할 놈의 세상! 일 년 내내 죽을 힘을 다하여 농사를 지어도 열흘 먹을 양식도 안 남다니!"

"농사지은 곡식은 모조리 관청에 바치고 우린 풀뿌리와 산나물로 배를 채운다오!"

양식이 모자라다 보니 민심도 흉흉해졌다. 여기저기서 관청 창고가 털리는 일도 빈번히 일어났다. 그러자 당나라 군사들은 더욱 눈에 불을 켜고 유민들을 못살게 굴었다. 애써 일궈 놓은 정든 농토를 버리고 더 깊은 산 속이나 당나라 관리의 손길이 미치지 않는 먼 변방으로 떠나는 행렬이 늘어만 갔다.

"더 이상 참을 수가 없구나!"

마침내 영주 도독 조문홰의 착취를 참지 못한 거란의 족장 이진충과 손만영이 군사를 일으킬 음모를 꾸미고 있었다. 이런 이진충과 손만영의 반란 기미를 대중상과 대조영은 손바닥 들여다보듯 훤히 알고 있었다. 이는 이진충과 손만영은 물론 이해고와도 가깝게 지내고 있는 걸사비우를 통해서였다.

지난해에는 대조영이 걸사비우의 집에 들렀다가 이진충과 이해고를 만나 술까지 나눠 마신 적도 있었다. 그 때 이진충은 당나라에 대한 반감을 대조영에게 토로했다.

"언젠가는 우리 거란이 당나라를 엎어버릴 것이니 두고 보시오."

그 말을 전해 들은 대중상은 크게 기뻐했다.

"적의 적은 우리 편이다. 도울 수 있으면 도와 주어라!"

그 뒤 대조영은 안시성 쪽에서 생산되는 질 좋은 철을 이진충에게 선물했고, 그 일로 이진충은 대조영을 친형제처럼 가깝게 생각하고 있었다.

거란족들이 긴박하게 움직이고 반란 움직임이 눈앞에 닥치자, 대조영도 바짝 긴장했다. 대중상이 대조영에게 말했다.

"이진충이 움직이면 우리도 움직인다. 어떠냐? 이진충과 때를 맞추어 단기간 내에 병사를 모아 거병할 수 있겠느냐?"

"약 일 만 정도를 무장시킬 수 있는 병장기를 확보해 두었습니다. 그리고 안시성에서 나는 질 좋은 철 일만 삼천 근을 마련해놓고 걸사비우에게 칠천 근을 보냈습니다. 얼마 전부터 그 철로 창과 칼을 만들고 있다는 연락을 받았습니다. 그리고……."

대조영은 다시 말을 이었다.

"그 다음에는 될 수 있는 한 영주에 있는 고구려 유민을 많이 모아 우리의 옛 땅으로 돌아가야 합니다. 이진충이 영주도독부를 격파한다면, 우리의 고구려 행을 막을 세력은 없을 테니까요."

대조영의 빈틈없는 대답에 대중상이 흡족한 미소를 지었

다.

"좋다! 이제 바야흐로 때가 무르익었다. 내가 한 발 앞서 영주를 떠나겠다."

"옛, 영주를 떠나시다니요?"

"잘 듣거라, 조영아. 이제 이 영주는 거란과 당나라의 싸움판으로 변할 게다.

그러면 너는 이 곳 영주의 고구려 유민을 모아 요동을 거쳐 동모산으로 오너라. 험한 천문령만 무사히 넘으면 당의 손길이 닿지 않은 드넓은 땅이 있느니라.

그 곳에 나는 오래 전부터 꿈꾸어 온 새 나라의 터를 닦아 놓았단다.

　거기서 이 아비가 너를 기다리고 있으마!"

"아버지!"

대조영이 감격하여 몸을 떨며 아버지 앞에 엎드렸다.

"언제 그런 웅대한 꿈을……."

"그만 일어나거라 조영아. 나는 지금 곧 심복 여남은 명만 데리고 이 곳을 떠날 것이니라."

대중상이 문을 나서자, 말을 탄 기병 십여 명이 대기하고 있었다.

"가자!"

대중상이 가볍게 말 위에 올랐다.

"안녕히 가십시오! 아버님……."

아버지가 사라진 쪽을 향하여 대조영이 큰절을 올렸다.

"할아버님!"

대조영의 한 발 뒤에서 무예와 문예도 큰절을 올렸다.

696년 여름, 거란족으로부터 대조영에게 연락이 왔다.

　영주 도독부를 칠 거사일이 정해졌으니 대조영 쪽에서도 이에 호응하여 당나라 군사력을 분산시켜 달라는 은밀한 통보였다. 아버지가 떠난 후, 대조영이 초조하게 기다리던 소식이었다.

 마침내 거사일의 아침이 밝았다.

 이진충과 손만영은 어젯밤부터 은밀히 수천 명의 병사들을 영주 성에서 가까운 숲 속에 집결시켰다.

 꾀 많은 이진충이 거사하기로 한 날은 바로 영주 도독 조문홰의 생일날이었다.

 영주 도독은 평소부터 자기의 막강한 권력과 부를 자랑하고 싶어했다. 그래서 당시 요서 지방에서 권력께나 쓴다는 사람들을 모조리 연회에 초청했다. 그래서 생일 잔치치고는 규모가 대단하고 호화롭기 짝이 없었다.

 "허허허, 어서 오시오! 먼 길을 이렇게 찾아 주시다니."

 조문홰는 거드름을 피우며 손님을 맞은 다음, 산해진미를 대접하고 값비싼 선물까지 나눠 주었다.

 성 안에서 조문홰가 하는 일들은 하나도 빠짐없이 성 밖에 있는 이진충에게 낱낱이 보고되었다. 미리 손을 써서 성 안에 첩자를 심어 두었기 때문이었다.

 "죽일 놈! 우리 백성들을 착취하여 긁어모은 재물을 선떡 돌리듯 인심 쓰는구나!"

 이진충은 그 동안 조문홰에게 핍박 받은 일을 떠올리며 부드득 이를 갈았다.

 "으흠! 이거 몸이 근질근질해서 도저히 못 견디겠구나. 도대체 이놈의 잔치가 언제쯤 끝난다더냐?"

"아마 해질녘에나 끝날 듯 하옵니다."

"미친놈! 오늘이 제놈 제삿날인 줄도 모르고……. 아무튼 경계를 게을리 하지 말고 대기하라!"

긴 하루해가 지고 이윽고 밤이 깊어갔다. 온종일 기생들 품에서 노래하고 술을 마신 조문홰는 마음이 흡족했다. 그래서 다른 날과 달리 크게 인심을 썼다.

"자, 오늘은 성 안 모든 군사들도 마음껏 마시고 푹 쉬게 하라!"

군사들은 뛸 듯이 기뻐했다.

"와아, 이게 웬 떡이냐! 어디 왕창 마시고 잠이나 실컷 자자!"

"허허, 오래 살다보니 세상에 별일도 다 있군 그래. 그 좀생원이 이런 인심을 다 쓰다니."

"그러게 말일세. 오늘은 실컷 마시고 재미나게 놀아보세."

신이 난 병사들은 성문을 지키는 수백의 병사들만 남기고는 이리저리로 흩어져서 마음껏 먹고 마셔댔다.

이런 소식을 전해 들은 이진충은 크게 기뻐하면서 하늘을 우러러보며 외쳤다.

"아, 하늘이 우리를 돕는구나!"

이진충이 거느린 거란 군사들은 힘들이지 않고 성문 앞까지 다가갔다. 성문 앞에는 노는 데에 끼지 못한 군사들이 초라한 모습으로 서 있었다.

"에이, 모두 술을 퍼마시고 노는데, 우리만 성을 지키다니!"

"글쎄 말이야, 정말 재수가 옴 붙었군!"

성문을 지키는 보초병들이 불평을 늘어놓고 있을 때였다.

어둠 속에서 불쑥 여러 대의 수레와 수십 명의 병사가 나타났다. 보초가 그걸 보고 외쳤다.

"누구냐? 그 자리에 멈춰라!"

그러자 마차를 끌고 온 병사들 중 우두머리인 듯한 자가 말했다.

"멈추라니! 도독님께서 성문을 지키는 너희들에게 보내라고 해서 특별히 잘 익은 술과 고기를 듬뿍 가지고 왔는데."

"조 도독님게서 우리에게 술을? 하하하, 암 그러셔야지!"

성문을 지키던 병사들의 입이 한껏 벌어졌다.

"어디, 우리도 도독님 생일 축하주 맛 좀 보자!"

병사들이 창과 칼을 버려둔 채 우르르 마차 주위로 모여들었다.

"이런, 이런, 이렇게 서서 술을 마시면 안 되지. 자, 우리 모두 둥그렇게 둘러앉아서 마시자구. 자 어서들 이리 오게나."

우두머리가 병사들에게 술 한 병씩을 안겨 주었다.
"이게 얼마만이냐? 카아, 술맛 좋다!"
병사들이 저마다 술 마시기에 정신을 빼앗겼을 때였다.
마차를 끌고 온 병사 몇 명이 조심스레 성문을 향해 걸어갔다. 그때 술병을 나눠 주던 우두머리가 호들갑을 떨며 소리쳤다.

"자, 이번엔 안주일세. 어서들 한 접시씩 담아들 가게."

그러자 병사들이 서로 안주를 담아 가려고 우두머리가 있는 쪽으로 몰려들었다. 그 사이 성문으로 걸어간 병사들이 재빨리 성문을 활짝 열어젖혔다.

그 순간 밖에서 기다리던 이진충의 군사들이 물밀 듯 쏟아져 들어오며 소리쳤다.

"조문홰를 잡아라!"

이진충의 군사들은 성문을 지키던 병사들을 물리치고, 조문홰의 관사 쪽으로 몰려갔다. 성 안에는 5만 여 명의 당군이 주둔하고 있었지만, 대부분 술에 곯아떨어져 반란군이 성 안으로 들어온 줄도 까맣게 모르고 있었다.

"앗, 너희 놈들은 누구냐?"

술이 덜 취한 병사들이 놀라 반란군에게 맞서 보았지만, 반란군의 상대가 되지 않았다.

"역도들이다! 저놈들을 잡아라!"

뒤늦게 소식을 접한 조문홰가 고래고래 소리를 쳤지만, 자기 신분만 밝힌 꼴이 되었다.

"저놈이 조관해다! 저 놈을 잡아 묶어라!"

개미떼처럼 조문홰에게 달려든 병사들이 칼과 몽둥이를 마구 휘둘렀다. 순식간에 조문홰를 죽인 거란 병사들은 수십 채의 옥문을 부수고 거란과 고구려 죄수들을 풀어 주었다.

"이진충 장군 만세! 손만영 장군 만세! 거란 만세!"
 조문홰 영주 도독이 죽자, 진작부터 치안이 불안정하던 영주 지방은 혼란의 소용돌이 속으로 빠져들고 말았다.

요동으로 향하다

"도중에 당나라군을 만나면 우리는 살아남기 힘듭니다. 그러므로 당나라군이 뒤쫓아오기 전에 요동성에 도착해야 합니다. 그러니 무엇보다 중요한 것은 행동 통일입니다.
저의 지시에 일사불란하게,
그리고 신속히 움직여 주셔야 합니다.
알겠습니까?"

"예, 명심하겠습니다."

거란족이 반란을 일으키자, 기회를 엿보아 오던 대조영도 군사를 일으키기로 결단을 내렸다. 대조영이 군사를 일으킨다는 소문은 순식간에 고구려 유민 사이에 퍼져 나갔다.

"뭐라고, 대조영 장군이 군사를 일으켜?"

"좋아, 난 죽어도 장군 밑에 들어가서 고구려 옛 땅을 찾기 위해 싸우다 죽겠네!"

"옳은 말이야! 언제 끝날지 모르는 이 지긋지긋한 생활에서 빨리 벗어나고 싶네!"

대조영의 병영에는 몰려드는 유민들로 인산인해를 이루었

다.

"고맙소, 우리 함께 힘을 모아 큰 일을 한번 해냅시다!"

대조영은 모여드는 유민들을 따뜻하게 맞았다.

그러자 영주 성을 차지한 이진충과 손만영이 대조영을 찾아왔다.

"장군, 우리를 좀 도와 주시오! 알다시피 우리는 영주 도독을 죽였소. 우리는 끝까지 당나라와 싸우려 하오! 우리는 이제 서쪽으로 당나라의 심장부인 장안을 치러 갈 것이요!"

대조영이 흔쾌히 대답했다.

"좋소, 그럼 우리는 동쪽으로 가면서 당나라 군사들을 괴롭히겠소. 우린 요하를 건너 고구려의 옛 땅인 요동으로 갈 것이오."

이진충이 돌아가자, 대조영이 긴급 회의를 소집했다. 대조영의 동생 대야발과 대조영의 아들 대무예, 대문예 형제 외에 걸사비우도 참석했다.

걸사비우가 먼저 대조영에게 말했다.

"대형. 앞으로의 계획을 말해 주시오."

방 안을 둘러보던 대조영이 엄숙하게 말했다.

"내 계획은 이렇소. 이제 내 말을 명심했다가 그대로 따라 주기 바라오."

대조영은 그 동안 짜 두었던 계획을 설명하기 시작했다.

대조영의 계획은 오랫동안 다듬어져 거의 빈틈이 없었다.
  우선, 대야발에게는 거란의 군대가 장안을 향해 떠난 뒤, 영주에 거주하고 있는 고구려인과 말갈인들 중 다시 고구려로 돌아가려는 사람들을 모아, 이들을 통솔하여 언제든지 동쪽으로 이동할 수 있도록 준비하는 임무가 주어졌다.
  그리고 진작부터 말갈의 청년들을 훈련하여 군대를 조직하고 있는 걸사비우에게는, 고구려와 말갈 유민들을 외적으로부터 보호하는 임무가 맡겨졌다.
  아직 아무 일도 주어지지 않은 대무예에게는 날랜 기병을

이끌고 대조영보다 한 발 앞서 고보원이 있는 안동도호부로 가라는 명령이 떨어졌다. 그 곳으로 가서 고보원에게서 고구려 군사들이 무장할 병기들을 인수받고, 아직 요동에 사는 많은 고구려인들을 대조영의 세력으로 끌어들이는 역할을 맡겼다.
　그리고 마지막으로 대조영 자신은 영주에 있는 고구려군과 말갈 군을 요동까지 신속하게 이동시켜 무장을 갖춘 뒤, 당나라 군사들로부터 유민들을 보호하겠다는 계획이었다.
　대조영은 자세히 설명을 하면서 모여 앉은 사람들 하나하

나와 눈을 맞추어 나갔다. 모두의 눈망울은 희망과 결의로 빛나고 있었다. 대조영이 다시 입을 열었다.

"이 모든 계획의 목표는 단 하나입니다. 가능한 한 더 많은 고구려인과 말갈의 유민들을 안전하게 고구려의 옛 땅으로 돌아가게 하는 것입니다. 여기 있는 분들은 이를 위해 최선을 다해 주시오."

"정말 좋은 계획입니다. 우리 모두 맡은 일을 완수할 것입니다!"

모인 사람들은 대조영의 치밀한 계획에 감탄하며 흥분을 감추지 못했다.

회의가 끝난 후, 대조영은 따로 대무예를 불러 말했다.

"너는 내일 새벽 출발한다."

"내일요?"

"그래. 이는 중요한 사안이니 아무에게도 발설하지 말라. 그리고 다시 한번 말하겠다. 너는 날랜 군사들을 데리고 서둘러 요동으로 가서 보장왕의 손자 고보원 님을 만나 보도록 해라."

무예는 진작부터 아버지 대조영이 요동에 있는 보장왕 전하의 손자인 고보원과 연락을 주고받는 것을 알고 있었다. 대조영이 품에서 서찰을 꺼내 무예에게 주며 말했다.

"고보원 님을 만나면 이 서찰을 전해 드리거라. 그리고 내가 고구려 유민을 이끌고 요동으로 가고 있다고도 말씀드리고…….”

"아버님은 언제 오시나요?"

"가급적 빨리 가기야 하겠다만, 워낙 많은 유민이 움직이는 터라 아무래도 느리겠지. 게다가 곳곳에서 당나라 군사들이 훼방을 놓을 테고…….”

이튿날 새벽, 한 무리의 기병을 거느린 대무예가 먼동이 터오는 동쪽으로 사라졌다.

무예가 떠난 후, 대조영 일가는 더욱 바쁘게 움직였다.

영주 지방 곳곳을 돌며 무기를 모으는 한편, 고구려와 말갈족 유민을 상대로 고구려 옛 땅으로 돌아갈 것을 설득했다.

그런데 영주 지방은 이미 무법천지나 마찬가지였다.

영주 도독이 이진충에게 항복하고, 대조영이 이끄는 고구려 유민과 말갈족까지 민란에 가담했기 때문이었다.

대조영은 자기와 함께 움직일 유민들에게 말했다.

"지금 당나라군은 이진충과 싸우는 것이 힘에 겹소. 그러니 이 틈을 타서 우리는 요동으로 떠나야 합니다. 어서 유민들을 모으시오!"

대조영이 고구려인과 말갈인을 모으고 있을 때, 영주 도독부를 장악한 이진충은 따로 거란인들을 모으고 있었다.

이 소식이 요서와 사방으로 알려지자, 근방의 거란인들이 구름처럼 모여들기 시작했다. 이진충은 모인 청년들은 이해고와 손만영에게 나누어 맡겼다. 그러자 조문홰에게 핍박받던 해족과 습족 등 소수 민족들도 이진충과 함께 행동하겠다고 약속했다.

이진충은 수만이 넘는 거란군이 확보되자, 본격적인 국가를 세웠다. 그리고 스스로 왕의 자리에 올라 '무상가한'이라 칭했다. 왕이 된 이진충은 이해고에게 기동력이 가장 뛰어난 기병을 주어 당나라의 화북 지방을 공략하도록 명령했다.

정권 다툼에 골몰하던 당나라 조정은 이진충의 반란 소식에 경악했다.

"무어라고? 이진충이라는 놈이 난을 일으켜?"

조정은 벌집을 쑤셔 놓은듯 발칵 뒤집혔다.

"아니, 거란족이 영주를 점령하고 나라까지 세워?"

당시 당나라 조정을 장악하고 있던 측천무후는 전부터 동북방에 넓게 퍼져 있는 거란족이 뭉쳐지는 날에는 무시할 수 없는 세력을 이룰 것이라고 생각하고 있었다.

"어서 반란을 진압할 토벌군을 일으켜라!"

측천무후는 즉시 응양장군 조인사, 장현우, 마인절 등 28명의 장수에게 수십만 대군을 맡겨 거란군을 무찌르도록 지시했다. 당시 응양장군 조인사는 측천무후의 친위대장이었다. 그러나 사태가 사태인지라 자신이 가장 믿고 있는 장군을 출진시킬 수밖에 없었다. 조인사 등 28명의 장군은 군대를 이끌고 거란군이 서진하고 있는 하북으로 떠났다.

한편, 이진충의 명에 의해 거란군의 정예 기병 군단을 이끈 이해고는 먼저 당나라의 숭주를 공격했다. 숭주를 지키던 토격부사 허흠적은 변변한 싸움 한 번 못 해보고 사로잡히고 말았다. 사기가 오른 거란군은 그대로 하북 지방의 성을 무너뜨리며 거침없이 내려왔다.

이해고의 거란군은 마침내 당나라의 토벌군과 마주치게 되었다.

이해고는 주력 기병 부대를 황장곡 뒤쪽에 숨기고 홀로 언덕에 올라 황장곡에 진입하는 당나라의 대군을 내려다보았다. 지평선 저 멀리까지 끝없이 밀려드는 대군에 질릴 만도 하건만, 이해고의 얼굴에는 조금도 두려워하는 기색이 없었다.

당나라 대군의 선봉에는 우금오위 대장군 장현우, 그를 보좌하는 장수는 사농소경 마인절이었다. 이해고가 장현우의 선봉 부대를 향해 크게 외쳤다.

"아녀자의 치맛바람에 대장부가 이렇게 몰려나왔구나. 이런 한 필 비단보다도 가벼운 놈들아! 그래, 네놈들이 진정 사내가 맞기는 한 거냐!"

이해고의 놀림에 불안한 느낌이 든 마인절이 장현후를 말리려 했지만, 이미 장현우는 화가 머리끝까지 치솟았다.

"진격하라! 내 당장 저 녀석을 잡아 찢어 죽여야겠다!! 모두 진격하라!!!"

장현우의 최선봉 기병들이 고함을 지르며 황장곡을 오르기 시작했다. 당나라의 기병들은 매우 빠르고 용맹했다. 그러나 높은 언덕을 계속 빠르게 오르기는 쉽지 않았다. 언덕의 중간쯤을 올랐을 때는 기병들이 거의 걷고 있는 수준이었다.

장현우가 기병을 끌고 언덕을 오르자, 마인절도 하는 수 없이 기병들의 뒤를 받치기 위해 궁병을 앞으로 전진시켰다.

대개 언덕에서 기병끼리 맞붙는 전투에서는 위에서 내려오는 기병들이 훨씬 유리하다. 이해고가 장현우를 자극하여 기병들을 언덕으로 오르게 한 것은 보다 유리한 위치에서 싸우기 위해서라고 마인절은 생각했다. 마인절은 설사 장현우의 기병들이 거란의 기병대에게 패하더라도 자신이 궁병들로 거란의 기병대를 막을 수 잇을 거라고 생각했다. 그래서 마인절은 궁병들을 언덕 아래에 밀집시키고 언덕에서 거란의 기병이 공격해 내려올 것에 대비했다.

그런데 이 때였다.

갑자기 황장곡 위에서 수많은 거란군의 궁수들이 나타나 황장곡을 오르는 당나라 기병들에게 일제히 화살을 날리기 시작했다.

"앗, 적의 궁수 부대다! 저놈들이 언제 궁수들까지."

그렇지만 이미 때가 늦었다. 황장곡을 오르며 속도가 느려진 기병들은 궁수들에게 아주 맞추기 쉬운 표적이 되어 버렸다. 비 오듯 쏟아지는 화살에 당나라 기병들이 무더기로 쓰러져 갔다.

크게 놀란 장현우는 말을 돌려 허겁지겁 언덕을 내려갔다. 그러나 대부분의 기병들은 말을 채 돌리기도 전에 빗발처럼 쏟아지는 거란군의 화살에 희생되었다.

"세상에, 어찌 이런 일이!"

맥없이 쓰러져가는 기병들을 바라보며 마인절은 크게 당황했다.

다행히 부대에서 가장 많은 수를 차지하는 보병 부대는 궁병 부대의 뒤쪽에 자리잡고 있었다. 그나마 보병 부대가 상하지 않고 건재하다는 것이 위안이었다. 이제 당나라의 기병대를 없앤 거란군 기병대가 언덕을 내려오기만 하면 미리 대기하고 있는 자신의 궁병들이 처리해 줄 것이니 아직도 승산은 있다고 마인절은 생각했다.

그런데 이건 또 웬일인가?

"이놈들, 이해고가 왔다!"

이번엔 뒤쪽에서 우레와 같은 소리가 들렸다. 거란군의 주력 기병부대였다. 그 선두에는 이해고가 있었다.

"아니, 이럴 수가! 어떻게 여기도 이해고가……."

마인절은 어안이 벙벙했다. 이해고라면 지금 황장곡의 언덕 위에서 거란군을 지휘하고 있어야 할 것이 아닌가! 그렇다면 이해고가 손오공처럼 분신술을 쓴다는 말인가?

실은 황장곡의 주변 지리를 익혀 둔 이해고는, 장현우가

기병들을 이끌고 황장곡을 오를 즈음, 기병 부대를 이끌고 황장곡의 사잇길을 돌아 당나라군의 뒤쪽에 도착한 것이었다.

마인절은 아뿔싸! 하며 머리를 쳤다.

"당했다!"

뒤쪽에는 당나라의 보병 부대가 자리잡고 있다. 마인절의 궁병들이 거란의 기병대를 공격하게 되면 그 사이에 있는 보병 부대가 큰 피해를 입게 되는 것이다. 그래서 궁병들은 어

떻게 할 수가 없이 발만 동동 구르고 있었다.
 보병들은 기병의 적수가 되지 못했다. 얼마 지나지 않아 당나라의 보병들은 거란군 기병들의 말발굽에 휩쓸려 버리고 말았다. 순식간에 벌어진 일이었다.
 마인절이 이끄는 궁병들은 보병들이 죽어가는 것을 구경할 수밖에 없었다. 설상가상으로 언덕 위의 거란 궁병들은 당나라 기병대를 밀고 내려오며 계속하여 화살을 날렸다. 이리하여 당나라의 기병 부대는 전멸해 버렸다.
 "있는 힘을 다해 공격하라!"
 당나라의 궁병들은 내려오는 거란 궁병에 맞서 반격해 보려 했지만, 당나라 궁병의 화살은 언덕 위까지 닿지를 못했다. 그런가 하면 보병들을 무찌른 거란의 기병들이 당나라 궁병들의 뒤를 바짝 조이며 다가왔다.
 "아, 이렇게 쉽게 무너지다니!"
 마침내 당나라의 선봉 부대는 전멸하고 장현우와 마인절은 이해고에게 사로잡히고 말았다.
 "쇠뿔은 단김에 빼랬다!"
 이해고는 전투가 끝나자마자 곧장 부대를 이끌고 행군해 오는 조인사 장군의 본대를 향하여 달려나갔다.
 그런 줄도 모르고 선봉 부대의 연락을 기다리며 느긋하게 행군하던 조인사의 당나라 본대는 갑작스레 나타난 이해고의 기병들을 보고 기절하듯 놀랐다.
 "앗 저놈들이 웬일이냐?"
 조인사는 채 전투 준비를 하기도 전에 이해고의 기병들에게 도륙을 당하기 시작했다.
 장기간의 행군에 지친 당나라 본대는 제대로 힘 한번 제대로 못 써 보고 죽어갔다.
 "후퇴하라! 후퇴!"
 조인사 장군이 크게 외치며 북을 울리게 했다.
 "둥- 둥- 둥-"

당나라의 기병들은 거란의 기병들을 상대하기 위해 앞으로 나서고, 본대는 후퇴하기 시작했다. 그러나 지친 당나라의 병사들보다 승세를 탄 거란의 병사들이 배는 더 빨랐다.

조인사 장군의 계획은 장현우의 선봉 부대가 수십 리 앞에서 거란의 군대와 대치하는 동안, 본대를 충분히 쉬게 해서 전투에 임하게 하려던 것이었다. 그런 조인사 장군의 치밀한 계획이 거란 장수 이해고의 눈부신 용병술에 완전히 망가져 버린 것이다.

"독 안에 든 쥐들을 놓치지 마라!"

거란의 기병들은 재빨리 당나라의 대군을 포위하고 압박해 들어갔다. 당나라의 대군은 장수의 명령이 병사에게 전달되지 못해 갈팡질팡 이리저리 몰려다녔다.

"어서 혈로를 열어라!"

그나마 뒤늦게 도착한 후군의 좌위대장군 이다조가 포위망을 뚫고 조인사를 호위한 장수들과 기병 부대를 탈출시키기 시작했다. 탈출한 장수들과 부대는 몇 리를 후퇴한 뒤에야 부대를 정비했다. 그러나 탈출한 군사는 채 1만이 되지 않았다.

병사들이 잠시 숨을 돌리는 동안, 이다조는 언덕 위에 올라 전황을 살폈다.

"아, 어쩌다 당나라군이 저렇게 오합지졸이 되었단 말인가!"

장수를 잃은 당나라의 대군은 조직적인 저항을 하지 못하고 거란의 기병대에게 말 그대로 학살을 당하고 있었다. 우왕좌왕하는 당나라 병사들은 그저 도망할 곳만을 찾기 바빴다.

급히 부대를 정비한 조인사와 이다조는 다시 기병들을 이끌고 전장으로 달려갔다. 하지만 이미 기울대로 기운 전세를 다시 되돌릴 수는 없었다. 결국 쫓겨다니는 얼마간의 병사들을 데리고 완전히 후퇴하고야 말았다.

이 전투로 당나라는 장현우와 마인절 등 여러 장수가 거란에 사로잡히고 수십 만 대군 중 살아남은 자가 겨우 몇 만에 불과할 정도로 큰 타격을 입었다. 그리고 이 소식은 영주를 출발한 대조영에게도 전해졌다.

'생각보다 여유가 더 생겼구나!'

대조영은 하늘이 돕는다고 생각했다.

대조영이 느긋하게 출발 준비를 하고 있을 때, 조인사 장군의 패전 소식을 들은 측천무후는 몹시 당황했다.

"무어라고! 조인사 장군이 패배를 해?"

측천무후는 그 자리에서 다시 거란군 토벌 부대를 편성했다.

우무위대장군 건안왕 무유의를 청변도대총관, 장구절을

청변도부총관으로 삼아 거란군 토벌을 명했다.

한편 이진충은 황장곡 전투의 대승에 크게 고무되었다.
"이제 우리 거란의 세상이 온다!"
그래서 진충은 자신이 직접 10만 대군을 이끌고 손만영과 함께 서쪽으로 진군했다.
한 달 뒤, 단주에서 무유의와 장구절은 이진충과 손만영의 군대를 만나게 되었다.
"자, 기다리던 반란군의 수괴 이진충 무리다! 이번에는 기필코 무찔러야 한다!"
이미 단주에 닿아 진을 치고 있던 무유의와 장구절은 침착하게 거란군과의 전투 준비를 끝내 놓고 있었다. 먼저 번 황장곡의 대승으로 자신감이 생긴 손만영도 진을 치자마자 부하 장수들을 모아 놓고 말했다.
"오늘밤 야습을 하여 단숨에 당군을 쓸어버리자!"
밤이 되자, 말들의 입에 모두 재갈을 물린 거란군은 어둠 속으로 단주에 주둔 중인 당나라군 진영으로 다가갔다.
"흥, 기다리고 있다. 어서 오너라

요 쥐새끼들아!"

혹시나 하고 만반의 준비를 갖추고 있던 부총관 장구절은 회심의 미소를 띠었다.

"자, 돌격이다! 닥치는 대로 적을 무찔르라!"

손만영의 명령이 떨어지기 무섭게 거란군은 당나라의 진영을 향해 돌격했다.

"자, 놈들이 온다. 적을 함정으로 유인하라!"

장구절은 수백 명의 기병을 끌고 달아나며 손만영의 기병들을 유인했다. 승기를 잡았다. 생각한 손만영은 장구절의 뒤를 쫓으며 소리쳤다.

"저놈, 장구절을 생포하라!"

손만영은 기세가 등등하게 장구절을 뒤쫓기 시작했다.

어둠 속에서 무턱대고 당나라 군을 쫓던 거란군의 선두가 갑자기
"으악!"
하는 비명 소리만 남기고 사라졌다.
당나라 군이 파 놓은 함정에 빠진 것이다.
"함정이다! 후퇴하라! 후퇴!"

그러나 북새통에 그 소리가 들릴 리 없었다. 손만영의 수천 기병들은 대부분 당나라군이 파놓은 함정에 빠져 죽거나 포로가 되었다.

"세상에 이럴 수가!"

간신히 목숨을 부지한 손만영은 살아남은 몇 기의 기병들과 함께 산으로 도망쳤다. 그러나 장구절은 손만영의 뒤를 쫓지 않았다.

무유의가 장구절을 보고 말했다.

"적의 본진에서는 아직도 자신들의 기습이 실패한 것을 모르고 있을 것이다. 그러니 이 기회에 거란의 본진을 공격해 적들을 일망타진하도록 합시다!"

"그거 참 좋은 계책이오!"

장구절도 찬동했다.

무유의와 장구절은 군대를 이끌고 그대로 거란의 본진을 공격했다. 손만영을 보낸 뒤 안심하고 있던 이진충의 본진은 갑작스런 당나라군의 공격에 혼란에 빠졌다.

"아니, 손만영은 도대체 어디에 있는 거냐!"

갑옷도 제대로 입지 못하고 진영 안을 헤매던 이진충의 앞에 당나라 병사들이 나타났다. 이진충의 가까이에 있는 거란군은 채 몇 명이 되지 않았다.

"저놈이 거란의 두목 이진충이다!"

"저 역적 놈을 잡아라!"

그러자 이진충은 크게 노해 당나라의 병사들을 꾸짖었다.

"이 몹쓸 놈들! 나는 거란의 왕, 무상가한이다! 당장 땅바닥에 엎드리지 못할까!"

그러자 당나라 병사들이 어이없다는 듯 웃었다.

"저 야만족이 이제는 실성했구나. 자, 저 녀석을 죽이면 최고의 공을 세우는 거다!"

당나라 병사들은 일제히 이진충에게 달려들었다. 이진충과 거란의 병사들이 온 힘을 다해 칼을 휘둘렀지만, 그것도 잠시, 수적으로 불리했던 이진충은 순식간에 당나라 병사들의 손에 죽임을 당했다.

이 전투에서 도망친 거란 병사들은 각각 이해고와 손만영의 진영을 찾아 돌아다녔다. 그나마 기습에 실패했던 손만영만이 도망친 병사들을 모아 다시 군단을 꾸릴 수 있었다.

영주 지방에서 고구려 유민들을 모으고 있던 대조영에게 난데없는 소식이 날아들었다. 이진충의 거란군이 당나라군에게 패했다는 소식이었다.

대조영은 동생인 대야발과 부하들을 불러 모았다.

"생각보다 빨리 거란군이 무너졌다. 이렇게 되면 곧 당나라군이 이 영주를 회복하러 돌아올 것이 아니냐?"

"그렇습니다. 상황이 급합니다!"

대조영의 말에 대야발도 동의했다. 고구려군이 이진충의 민란에 힘입어 병사를 모으고 무기를 준비했다고는 하지만 그 수가 몇천 정도를 넘지 못했다. 당군과 정면으로 맞싸울 정도로는 어림도 없었다.

"그렇다면 속히 이 곳을 떠나야 한다. 자, 빨리 우리를 따르는 고구려, 말갈 유민에게 이 뜻을 전하라. 서둘러라! 요동으로 떠나야겠다!"

이리하여 영주에 거주하는 고구려와 말갈 유민들에게 화급한 소식이 전해졌다.

"수일 내로 요동으로 출발할 테니 떠날 채비를 하라!"

미리부터 마음의 준비를 하고 있던 터라, 유민들의 동요는 크지 않았다.

출발을 앞두고, 대조영은 유민들의 대표들을 모아 놓고 앞으로의 행동 요령을 지시했다.

"신속히 요동으로 떠나야 합니다. 출발은 이틀 후입니다. 긴 여행이니 될 수 있으면 짐은 가볍게 챙기시오. 우리는 사람 수는 많지만, 칼과 창이 없는 유민이란 것을 꼭 유념하시오."

"예, 명심하겠습니다."

유민의 대표자들은 굳은 표정으로 숨을 죽이고, 대조영의 지시에 귀를 기울였다. 대조영의 지시는 이어졌다.

"도중에 당나라군을 만나면 우리는 살아남기 힘듭니다. 그러므로 당나라군이 뒤쫓아오기 전에 요동성에 도착해야 합니다. 그러니 무엇보다 중요한 것은 행동 통일입니다. 저의 지시에 일사불란하게, 그리고 신속히 움직여 주셔야 합니다. 알겠습니까?"

"예, 명심하겠습니다!"

그들의 목소리는 낮았지만 힘찼다. 대조영은 흡족한 듯 미소를 지으며 마지막으로 당부했다.

"모일 곳은 넓은 대야 들판, 시각은 해 뜰 무렵이요. 낙오자가 한 사람도 없도록 서로 서로 연락을 긴밀히 해 주시오."

대조영의 지시는 대표자들을 통하여 빠르게 영주 지방 유민들에게 전해졌다.

동모산에 세운 나라

"대중상께서는 이미 고구려 옛 땅 동모산에
나라를 세우셨다. 우리는 이제 장강 요하를 건너고
요동을 지나 그 곳으로 향한다."

"그대가 그 유명한 대중상 장군의 손자란 말인가?"

대조영의 서찰을 찬찬히 읽은 고보원이 편지를 내려놓고 호기심에 찬 눈으로 대무예를 내려다보았다. 그리고는 주위를 돌아보며 냉랭하게 말했다.

"너희들은 잠시 나가 있거라."

주위의 사람들이 밖으로 나가자, 고보원이 표정을 풀고 무예를 보며 빙그레 웃었다.

"세상에……, 내게 이런 반가운 날이 오다니……. 뭐든지 말씀만 하시오. 힘 닿는 데까지 내가 그대들을 돕겠소."

역시 기대했던 대로 고보원은 시원스럽게 말했다.

고보원은 매우 젊었다. 어릴 때 당나라로 끌려온 후, 지금은 당나라 조정으로부터 고구려 유민들의 민란을 방지하라는 지시를 받고 이곳 요동에 파견을 나온 것이었다. 그러나 고구려 왕실의 뜨거운 피가 흐르는 고보원은 겉으로는 당나라의 지시에 고분고분 따르고 있는 것처럼 보였지만, 틈만 나면 당나라에 반기를 들 기회를 엿보고 있었다. 그에게 당나라는 불구대천의 원수 나라였다.

십여 년 전에 대중상과 함께 고구려의 복원을 꿈꾸던 보장왕은 당나라의 관리에게 들켜 681년 남쪽 멀리 양자강 상류, 파촉 땅으로 귀양 보내어졌다. 그 곳은 지금의 사천성 지역으로, 요동 지역과는 멀리 떨어져 있었다.

영리한 고보원은 보장왕과 함께 요동에 머물고 있을 때, 대조영이 아버지 대중상과 함께 고구려 부흥을 위해 힘쓰고 있다는 것을 알고 있었다. 그래서 고구려 부흥을 위한 일이 발각된 뒤에도 대중상에게 요동의 정세를 꾸준히 알려 주고 있었다.

그뿐만 아니라, 수년 전부터는 대중상의 부탁으로 안시성 근처에서 생산되는 질 좋은 철로 1만 명이 무장할 수 있는 칼과 창을 만들어 비밀 창고에 비축해 두고 있었다.

"전하, 저희에게 정말 큰 힘이 되어 주셨습니다. 제 아버지도 전하께 감사하고 있습니다."

고보원이 대무예를 보았다.

"당신도 젊군요. 젊은 나이에 이런 큰일을 하다니 정말 장합니다."

대무예는 고보원을 보며 말했다.

"전하, 부끄럽습니다. 전하께서 하신 일에 비하면 저는 아직 아무 것도 한 일이 없습니다."

"아니예요. 난 당신들이 부탁한 대로 했을 뿐이에요. 그리고 나에겐 당신들 같은 큰 용기가 없어요. 그저 이 곳에서 고구려 사람들과 함께 있는 것으로 만족하는 그런 소인배일 뿐입니다."

고보원이 겸손하게 말하자, 대무예는 황망히 고보원 앞에 엎드리고는 말을 잇지 못했다.

"전하, 그 무슨 황송한 말씀을 다하십니까? 전하께서는 저희에게 큰 힘이 되고 있습니다."

"하하하, 그래요? 그러고 보니 나도 한 가지만은 잘 해낸 것 같군요. 1만의 군대를 무장할 수 있는 무기를 준비한 것 말입니다."

고보원이 조용히 심복을 불러 지시했다.

"이분에게 우리가 그 동안 준비한 것을 보여 주도록 해라. 다른 사람들이 눈치채지 못하게."

고보원의 심복은 남의 눈을 피해 대무예를 인적이 드문 으슥한 외진 산 속에 마련된 창고로 데리고 갔다.
"들어가 보시지요."
심복은 문을 열고 대무예에게 조용히 말했다.
무기 창고 안을 둘러본 대무예는 깜짝 놀라 눈이 휘둥그레졌다. 창고 안에는 활이며 창, 칼 등 갖가지 병기들이 산더미처럼 쌓여 있었기 때문이었다.
"세상에……. 이럴 수가? 고맙습니다. 전하!"
대무예는 연방 감사의 말을 했다.
요동은 고구려의 조병창이 몰려 있던 곳이었다. 그 조병창들은 고구려가 망하면서 당나라 군에 의해 대부분 파괴되었다. 그런데 어디에서 이렇게 많은 훌륭한 무기들을 만들어 냈는지 신기할 따름이었다. 칼과 창, 갈고리와 마구, 화살들이 질서 정연하게 정리되어 있었다. 고보원의 말대로 1만의 군사를 무장시키고도 남을 만한 엄청난 양이었다.
대무예는 고보원의 도움으로 무기들을 옮길 수례를 마련하면서 요동의 가까운 성들을 돌아 보았다. 당나라의 고구려 말살 정책에 따라 대부분의 고구려 사람들은 영주로 끌려가거나 사방으로 흩어져 번성하던 옛 성은 거의 텅 비어 있었다. 단지 일부 지역에 당의 지시를 받은 거란족이나 해족 수비병들이 배치되어 있을 뿐이었다.

대무예는 사람의 발길이 닿지 않는 허름한 빈 성을 골라 병기들을 옮겼다.

이진충이 전사한 뒤, 거란군은 북쪽으로 물러나 군대를 정비했다. 손만영이 이진충의 뒤를 이어 거란족의 왕이 되었다. 겨울 동안 요서에서 숨을 돌린 거란군은 해가 바뀌어 697년이 되자, 다시 움직이기 시작했다.

"이번에는 반드시 거란족들을 궤멸시켜야 한다."

측천무후가 하관상서 왕효걸과 우림위장군 소굉휘에게 군사를 주며 명령했다. 17만 대군이었다. 왕효걸은 당 태종 때 토번에게 빼앗겼던 안서 4진을 회복하여 측천무후로부터 칭찬과 함께 하관상서에 임명된 명장이었다.

거란군과 당나라군은 동협석곡에서 만났다.

당나라군과 대결하는 손만영과 이해고는 둘 다 매우 뛰어난 맹장이었다. 거란군은 비록 병사의 수는 적었지만 당나라의 17만 대군에 한 치도 밀리지 않고 오히려 적을 압도했다. 팽팽한 접전이 계속되자 동협석곡은 거란과 당나라 군사의 시체들로 덮여져 갔다.

이번 전투에서는 손만영이 뛰어난 활약을 보였다. 손만영이 일순간의 빈틈을 노려 왕효걸이 이끄는 당나라 군의 본대를 절벽 쪽으로 밀어붙였다.

"바보같은 송만영에게 이렇게 당하다니!"

왕효걸이 이를 갈면서 분해했지만, 당나라군의 본진은 계속 절벽쪽으로 밀렸다. 병사들은 서로 살기 위해 다른 병사를 밀고 당기며 순식간에 아수라장이 되었다. 그런 와중에 왕효걸이 병사들에게 밀리다가 병사들과 함께 절벽 아래로 떨어져 죽는 사고가 발생했다.
 "왕효걸 장군이 전사하셨다!"
 "뭐? 왕 장군께서?"

대장이 어이없이 죽어버리자 당나라의 군은 갈팔질팡하다가 곧 거란군에게 격파당하고 말았다. 당나라 17만 대군을 격파한 거란군은 그 여세를 몰아 유주 지역을 모두 점령하고 말았다.

그러자 당나라는 손만영을 격파한 적이 있는 청변도대총관 무유의가 부총관 장구절을 보내 거란군을 격파하고자 했다. 그러나 이번 거란군에는 손만영뿐만 아니라 전술에 뛰어

난 이해고도 있었다. 이해고는 장구절의 당나라군을 가볍게 물리쳐 쫓아냈다.

당나라 조정에서는 고심 끝에, 평소 오랑캐로 업신여기던 돌궐의 묵철을 설득하여 거란군과 싸우도록 부추겼다. 당의 변방에 웅거하던 묵철은 사납기로 소문난 장수였다.

"뭐? 묵철에게 거란을 치라고 했단 말인가?"

소식을 들은 대조영은 급히 걸사비우와 대야발, 대문예를 불렀다.

"곧 돌궐의 묵철이 거란을 공격하러 내려온다고 한다. 그렇게 되면 거란이 얼마만큼 버틸 수 있을지 걱정이다. 그러니 우리는 더욱 서둘러 동쪽으로 움직여야 한다!"

그러면서 대조영은 서랍 속에서 해묵은 종이 한 장을 꺼내어 펼쳤다.

오래 전 새 나라의 터를 세운다며 영주를 떠난 아버지 대중상이 두고 가신 서찰이었다.

"천기를 누설하는 것 같아 숨겨 왔지만, 더는 숨길 수가 없구나. 대중상께서는 이미 고구려 옛 땅 동모산에 나라를 세우셨다. 우리는 이제 장강 요하를 건너고 요동을 지나 그 곳으로 향한다. 여기 이것은 아버지께서 주고 가신 동모산으로 가는 지도이다."

"와!"

방안에 갑자기 환호성이 터졌다.

대조영이 차분히 다음 말을 이었다.

"우선, 대야발과 대문예는 약간의 군사와 함께 고구려와 말갈 유민들을 데리고 동쪽으로 이동한다. 목표는 나의 아버지가 계신 동모산. 그들의 맨 뒤를 걸사비우가 말갈군을 이끌고 따른다. 마지막으로 나는……."

대조영이 잠시 말을 끊었다가 다시 이었다.

"나는 날랜 기병 수백을 거느리고 서둘러 질풍처럼 요동으로 달려가서 무예와 합세하여 고구려 유민을 규합한 후 동모산으로 가겠다. 그 곳에 있는 새나라는 고구려 유민의 나라다!"

대조영은 출발 전날 걸사비우와 술상을 마주했다.

"걸사비우. 드디어 우리의 꿈을 이룬다."

"대형. 우리 조국 고구려는 망한 것이 아니었소. 잠시 흔들렸을 뿐이오. 이제 대형이 흔들렸던 조국을 바로 세워 줄 것이라 믿소."

"그래. 자네와 우리 민족은 다 같은 고구려인이야. 천 년의 동지가 다시 천 년을 살아갈 나라를 함께 세우는 거야."

"대형!"

걸사비우는 대조영을 부둥켜안았다.

고구려가 망한 지 벌써 28년. 고구려가 멸망할 때 당당한 청년이었던 대조영과 걸사비우는 이미 머리가 희끗희끗하고, 손자를 여럿 둔 중년이 되어 있었다. 그러나 대조영과 걸사비우의 카랑카랑한 눈빛은 청년 시절과 전혀 달라진 것이 없었다. 오히려 더 강한 의지가 눈빛에 살아 있었다.

　이튿날 새벽 대조영이 거느린 젊은 기병들이 영주를 떠나 요동 쪽으로 말을 몰았다.

　뒤이어 대야발과 대문예가 유민들을 이끌고 출발했다. 10만이 넘는 유민이 한꺼번에 이동하기 시작한 것이다. 대야발과 대문예는 그 많은 유민들을 이끌고 조용히 동쪽으로 향했다. 유민들이 대조영을 지도자로 철석같이 믿고 있었기 때문에 서쪽에서 들리는 불길한 전쟁 소식에도 흔들리지 않고 이동할 수 있었다.

　그리고 유민들이 모두 영주를 떠나자, 걸사비우의 말갈군이 뒤이어 출발했다. 말갈군은 비록 무장은 변변치 않았지만, 걸사비우의 엄한 훈련을 받은 사병들의 사기는 하늘을 찌를 듯 드높았다.

대조영의 요동 입성

안동도호부를 지키는 당나라 병사는 3만이었다.
이리 뛰고 저리 뛰며 대조영이 모은 군사는 2만 명.
대조영의 눈은 전의로 이글이글 불타올랐다.

　　　　　　　　대조영이 요동성에 도착하는 데는 그리 오래 걸리지 않았다.

　대무예가 보관하고 있던 무기를 둘러본 대조영의 얼굴에는 흡족한 웃음이 가득했다. 그러나 그보다도 더 대조영을 흡족하게 한 것은, 대무예가 벌써 1만이 넘는 고구려 청년들을 모아 훈련을 시키고 있었다는 사실이다. 군사 외에도 그들을 따르려는 고구려 유민이 10만을 넘었다.

　"좋다! 고구려 유민 중 칼과 창을 쓸 수 있는 군사들을 좀 더 모은 다음 안동도호부로 달려가자!"

안동보호부를 지키는 당나라 병사는 3만이었다. 이리 뛰고 저리 뛰며 대조영이 모은 군사는 2만 명. 대조영의 눈은 전의로 이글이글 불타올랐다.

"가자, 더는 지체할 수 없다!"

대조영의 군사가 쳐들어온다는 말이 금세 안동도호부에 전해졌다.

"뭐, 대조영의 군대가 쳐들어와? 이것 큰일났구나!"

안동도호부의 도독 배현규는 대조영이 군대를 이끌고 나타나자, 깜짝 놀라 성문을 굳게 잠그고 조정에 파발을 보내 원군을 청했다. 그러나 조정은 멀리 요동까지 신경을 쓸 겨를이 없었다. 거란군들이 곳곳에서 장안을 향해 밀려오기 때문이었다.

원군이 오지 않을 것을 안 배현규는 안동보호부의 성문을 굳게 닫은 후, 절대 밖으로 나오지 않았다. 하지만 이것은 오히려 대조영에겐 고마운 일이었다.

대조영은 배현규의 성을 무시한 채 요동 곳곳에 퍼져 있는 성을 하나하나 점령해 나갔다. 점령한 성은 주변에 흩어져 살던 고구려인들이 차지하게 되었다. 이렇게 되면 장차 대조영이 요동을 떠나더라도 당나라의 큰 침략이 없는 한 요동은 고구려인들이 스스로 지켜낼 수 있을 것이었다.

요동성에 남아 있던 수많은 고구려 사람들과 군사들의 대부분은 대조영 부자를 믿고 따랐다.

"우리도 고구려를 위하여 싸우게 해 주십시오."

이렇게 말하는 사람들은 주로 적극적으로 대무예를 따르는 젊은이들이었다. 그러나 나이 많은 노인들 중에는 걱정하는 사람들도 더러 있었다.

"저렇게 대조영 부자가 싸움을 벌였다가 옛날 남생처럼 당나라에게 항복이라도 해 버리면……."

그들은 고구려가 망한 후 나라 없는 설움을 톡톡히 경험한 사람들이었다. 그런 그들의 마음을 꿰뚫어 보기라도 한 듯이 대조영이 큰소리로 외쳤다.

"이 곳 요동은 당나라와 너무 가깝다. 당나라 군사들이 거란군을 깨뜨린 다음에는 틀림없이 이 요동성으로 달려올 것이다. 그래서 우리는 나의 아버지 대중상께서 세우신 '진'으로 향하는 것이다."

당나라 군사가 금방이라도 달려올까 봐 겁을 먹고 있던 군사들도 대중상이 세운 나라가 있다는 대조영의 말에 금방 마음의 안정을 찾았다.

대중상은 이미 고구려의 옛 땅을 차지하고 왕이 되어 있었다. 대중상이 자리를 잡은 동모산은 천혜의 요새로서 적은 군사로도 많은 적을 막아 낼 수 있는 곳이라 그 누구도 쉽게 접근하지 못하는 곳이었다. 이 곳에서 대중상은 고구려 유민

들을 모아 세력을 기르고 있었다. 이런 사실이 당나라 조정에까지 알려지자, 측천무후는 크게 당황했다. 그렇지 않아도 거란 때문에 골치를 썩이고 있는데, 고구려 유민들까지 들고 일어서는 날이면 당나라의 기반이 흔들리기 때문이었다. 측천무후는 대중상에게 '진국공'이라는 벼슬을 내려 회유하려고 했다. 그러나 대중상은 이를 물리치고 나라를 착실히 키워나갔다.

대조영이 대중상이 세운 나라가 어떤 나라인지 알리고, 그 곳으로 떠난다고 하자 수많은 말갈인들도 함께 떠나기를 원했다.

"우리도 고구려 사람들입니다. 진국으로 데려가 주십시오."

"저희도 싸우게 해 주세요."

"저희들도 대조영 장군의 지휘를 받게 해 주십시오."

주로 젊은 사람들이 대조영과 대무예를 따랐다. 그러나 나이 든 고구려인들은 고향을 버릴 수 없다며 그대로 남기를 원했다.

이미 요동 지역은 당이나 측천무후의 땅이 아니었다. 고구려 사람들이 스스로 자치를 하며 지내고 있었다. 그러니 굳이 이 곳을 떠날 이유가 없었던 것이다.

그 동안 물심 양면으로 대조영을 도와 주었던 보장왕의 손자 고보원은 요동의 고구려인들과 함께 남기로 했다. 그는 감개어린 눈으로 대조영을 바라보며 조용히 말했다.

"내가 당신들을 따라가면 새로운 나라를 세우는 데 오히려 걸림돌이 될 겁니다."

대조영은 아무 말도 할 수가 없었다. 고보원의 말이 정확했기 때문이었다.

이미 대조영의 아버지 대중상이 세운 진국에 살고 있는 많은 백성은 대중상과 대조영을 자신들의 새로운 임금이자 지도자로 받아들이고 있었다. 그런 중에 새로 옛 고구려의 왕실의 후계자를 임금으로 내세우는 것은 정치적 혼란만을 가져올 뿐이었다. 그 옛날 연개소문의 세 아들이 권력 다툼을 벌이다가 결국 나라를 멸망시킨 것을 보았던 대조영은 고보원의 뜻에 따르기로 했다.

"하지만, 새로운 나라가 완성되면 전하께서도 꼭 와 주실 것으로 믿습니다."

대조영의 말에 고보원은 아무말 없이 미소로 답했다.

이제 요동 지역에서는 대조영에게 맞설 세력이 없었다. 안동 도독은 성문을 닫은 채 꿈쩍도 하지 않으니 굳이 군사를 희생시키면서 싸움을 벌일 필요가 없었다.

대무예는 이제 2만이 넘게 모인 고구려 청년들을 훈련시켰다. 앞으로 영주에서 동모산으로 가는, 그리고 요동에서 동모산으로 가는 유민들 앞에 어떤 장애물이 놓이게 될 지 는 아무도 알 수가 없었다. 그런 장애물을 모두 뛰어넘어 동모산에 도착하려면 무엇보다 당나라군을 물리칠 막강한 군사력이 필요했다.

그와 동시에 요동 땅에서 진국으로 이주할 유민들을 모아,

영주에서 대야발과 대문예가 그랬던 것처럼 군대와 같은 체계를 만들어야 했다. 이를 대조영이 맡았다. 대조영은 나이든 노인이나 어린 아이들에게도 큰 존경을 받고 있었다. 대조영의 말은 누구나 이의없이 받아들였다.

어느 정도 준비를 끝낸 어느 날, 대조영이 아들들과 심복

들을 불러 모았다. 그리고 비장한 목소리로 말했다.

"자, 이제 우리도 동모산으로 가자!"

대조영이 고구려와 말갈 유민들을 이끌고 동모산으로 떠날 무렵, 당나라 조정은 거란족의 반란을 제압하기 위해 고심하고 있었다. 당나라의 대신들이 측천무후에게 청했다.

"폐하, 사나운 맹수를 잡으려면 사나운 사냥개를 이용해야 합니다. 지금 거란족을 잡으려면, 반드시 돌궐의 힘을 빌려야 합니다."

"그렇습니다. 돌궐뿐만 아니라, 지금 당나라에 머물고 있는 고구려 사람들도 이용해야 합니다."

측천무후는 이들의 청을 허락했다.

"좋소. 옛말에 이이제이라는 말이 있지 않소? 오랑캐의 힘으로 오랑캐를 제압한다는 말이지. 돌궐 추장 묵철에게 사자를 보내시오. 그리고 고구려 유민 고문에게 여하도 토격대사라는 벼슬을 내려 참전하라 하시오."

그 동안 당나라에서는 거란족의 반란에 너무 시달린 끝에, 처음 난을 일으킨 이진충의 이름을 이진멸이라고 바꿔 불렀다. '진멸'이란 '깡그리 없앤다.'는 뜻이다. 그리고 손만영의 이름은 손만참이라고 바꿔 불렀다. '만참'은 '만 번 목을 벤다'는 뜻이다. 이처럼 당나라는 이들을 증오하며 토벌에 고심하고 있었다.

당나라의 계략은 맞아떨어졌다. 돌궐의 추장 묵철은 당나라와 힘을 합쳐 거란을 치기로 약속하고, 즉시 군사를 움직이기 시작했다. 그들에게도 거란의 세력이 강해지는 것은 달갑지 않은 일이었기 때문이었다.

돌궐의 군사가 거란의 본거지가 있는 송막의 신성을 공격하기 위해 남하하고 있다는 소식을 들은 손만영은 이해고와 의논했다.

"돌궐놈들이 기어이 측천무후와 손을 잡고 우리를 공격하려나 보네. 이를 어찌하면 좋은가?"

이해고는 곧바로 대답했다.

"이제 전군을 돌려 송막으로 돌아가더라도 돌궐이 먼저 신성에 다다를 것입니다. 우선 날랜 기병들을 뽑아 신성으로 보내어 돌궐의 공격을 막게 하고, 본대는 이 곳에 성을 쌓고 당나라의 공격에 대비하는 것이 좋겠습니다. 신성에서 패배하더라도 우리 본대가 이곳에 머무르고 있으면, 송막의 거란인들이 우리를 찾아 이 곳으로 와서 합류하게 될 것입니다."

"자네의 뜻이 그러하다면 그렇게 하세!"

손만영은 이해고의 작전에 동의하고, 송막의 신성에 일군의 기병들을 보냈다. 그러나 거란의 기병들이 신성에 도착했을 때는 이미 묵철의 돌궐 기병들이 신성을 포위하고 공격하고 있는 중이었다. 거란의 기병 부대가 할 수 있는 것은, 신성에 들어가지 않은 송막의 거란인들이 도망치는 것을 도와주는 것이 전부였다.

신성은 돌궐군에 포위된 지 겨우 3일 만에 함락되고 말았다. 돌궐군은 신성에 있던 거란의 주민들을 모두 포로로 잡아 돌궐로 끌고 갔다. 신성에 들어가지 않았던 송막 곳곳의 부락 주민들 중 살아남은 사람들은 거란 기병대의 도움으로 유주로 도망칠 수 있었다.

이렇게 도망친 거란인들은 손만영이 머물고 있던 성으로 찾아왔다. 손만영은 도망쳐 온 주민들에게서 뜻밖의 소식을 들었다. 다름 아닌 자기 부인이 이진충의 부인과 함께 포로로 잡혀 돌궐로 끌려갔다는 거였다.

"뭐, 뭐라고? 이진충의 부인과 내 아내가 돌궐 녀석들에게 잡혀갔다고!!"

손만영은 크게 분노했다. 그런데 불똥이 갑자기 엉뚱한 데로 튀었다.

"이런, 이 무슨……. 가만 있자, 이게 다 이해고의 말을 들은 탓이야! 이해고! 이해고 그놈을 당장 들라 하라!"

이해고도 이미 손만영과 이진충의 부인이 돌궐의 병사들에게 잡혀 갔다는 소식을 듣고 있었다.

'아, 이 일을 어쩌면 좋단 말인가!'

손만영의 인품으로 보아 이 일을 그냥 넘길 것 같지가 않았다. 어쩌면, 자기를 참수할 지도 모른다는 불안감이 들었다.

'그래, 틀림없어! 나를 죽이려 들 게 분명해!'

이해고는 곧 낙무정을 불렀다.

"손 장군이 갑자기 나를 부르는 것이 아무래도 날 죽이려고 그러는 것 같아. 자기 부인이 잡혀갔다는 소식에 손 장군은 지금 제 정신이 아니야. 낙 장군, 이 일을 어쩌면 좋은가?"

그러나 낙무정이라고 무슨 뾰족한 수가 있을 리 없었다.

"안 되겠다! 우선 이 성에서 탈출하고 봐야겠다. 서둘러라!"

이해고는 낙무정과 자신의 수하 몇 명만을 데리고 유주의 거란성을 탈출했다. 그리고는 곧장 서쪽을 향해 말을 달렸다.

거란의 몰락

'저 용맹스러웠던 손만영도 이제는 한숨이나 내쉬는 필부가 되었는데, 나는 이제 어디로 가나? 이대로 당나라 군사에게 잡히면 그대로 죽임을 당할 텐데, 그럴 바엔 차라리…….'

　　　　　　이해고가 부하들을 데리고 거란 성을 탈출하여 도망쳤다는 소식을 들은 손만영은 더욱 화를 냈다.

"이놈이 일부러 내 가족을 죽인 것이야. 이놈이 측천무후와 내통을 한 게 틀림없어! 이놈들을 그냥 놔 둘 순 없지. 내 손으로 꼭 복수를 하고 말리라!"

손만영은 분을 삭이지 못하고 고래고래 소리를 지르다가 막하의 장수들에게 명령을 내렸다.

"당장 출전해야겠다. 서쪽이다! 서쪽으로 진격하라!"

손만영은 당장 성에서 나와 거란군을 이끌고 장안성을 향해 진격했다. 그러나 이해고 장군이 도망쳤다는 사실이 알려지자, 거란군의 사기는 이미 땅에 떨어져 있었다.
"이해고 장군이 도망쳤다면 우리가 불리해서일 거야!"
얼마 가지 않아 청변도대총관 무유의의 대군과 맞닥뜨린 거란군은 사기가 떨어져 이전처럼 무서운 힘을 발휘하지 못했다.
대총관 무유의는 부총관 장구절을 진중으로 불렀다.
장구절의 손에는 어디에서 온 문서인지 서찰이 한 장 들려 있었다.
"부총관, 그 서찰은 무엇이오?"
장구절은 서찰을 보기 쉽게 펴서 무유의에게 보여 주었다.
"동북쪽으로 보낸 첩자가 보내온 정보입니다. 거란의 동맹인 해족이 거란에서 분리될 움직임이 보인다는군요."
"아, 그것 참 잘 되었군요. 그런데 부총관, 그대는 예전에 손만영과 싸워 이겼던 적이 있었다지요?"
"예, 그렇긴 합니다만……. 단지 운이 좋아서 손만영의 기습을 막아냈을 뿐입니다."
장구절은 겸손하게 말했다.
무유의는 의자에 앉아 가만히 장구절을 올려다보았다. 무유의는 전형적인 무장이 아니었다. 장구절에 비한다면 일개 서생에 불과했다. 장구절의 굳게 다물어진 입은 무유의에게 더욱 믿음을 주었다. 지금껏 이 장수는 무유의를 실망시킨 적이 없었다. 다만, 그 신출귀몰한 이해고에게만은 당해 낼 수 없었지만.

"들자하니, 이번에는 이해고란 장수가 없다 하오. 거란군 진영에 무슨 문제가 생겼는지 그가 도망쳤다더군요. 어떻소? 이번 싸움에는 이길 수 있겠소? 지난번에 내게 그랬잖소? 이해고만이 두려운 상대라고."

장구절이 낮은 목소리로 대답했다.

"글쎄요, 만약에 이해고가 없다면 아마 저희가 이길 겁니다."

무유의는 만족한 듯 웃으며 일어섰다.

"좋소, 장군만 믿겠소. 어떻게 싸우면 좋겠소?"

장구절은 지체 없이 대답했다.

"저는 날랜 기병 수천만 데리고 빠지겠습니다. 대총관님께서 본군으로 싸워 주십시오."

무유의는 깜짝 놀랐다.

"뭐요? 장군은 빠진다고요? 아니, 방금 이해고만 없다면 이길 수 있다고 하지 않았소?"

장구절은 차근차근 설명해 주었다.

"이해고는 거란군에 있어 사기를 올려 주는 핵심 장수입니다. 처음부터 그가 없었다면 모를까, 이해고를 따르던 군대가 이해고를 잃었다면, 그 부대는 이제 사기란 것이 거의 없는 상태일 겁니다. 정면으로 부딪혀도 우리 군의 상대가 되지 못합니다."

"오오, 그렇소? 그런데, 장군은 왜 빠지려 하는 게요?"

"저희의 승리가 확실하다면, 저희가 대비해야 할 것은 한 가지입니다. 패한 적의 대장을 놓치지 않는 것이지요. 지금의 형세를 보아 적장이 도망갈 길이 어디가 될 지 알 것 같습니다. 저는 적장이 도망칠 길목에 숨어 있다가 손만영이 지나갈 때 그를 공격하겠습니다."

무유의는 그제야 고개를 끄덕였다.

"그렇구먼! 역시 장군은 우리 군의 보배요!"

그날 밤, 장구절은 기병 오천을 데리고 몰래 당나라군에서 빠져나와 동쪽 숲 속으로 사라졌다.

이튿날이었다.

"단숨에 장안까지 밀고 들어가자!"

손만영은 전군을 이끌고 당나라 군과 싸움을 벌이기 시작했다.

거란군의 기병은 여전히 강했다. 하지만 그 기세는 예전만 못했다. 하루 종일 벌어진 전투에서 어느 쪽도 승리하지 못한 채 서로 후퇴하여 전열을 정비했다.

처음 며칠은 거란군이 먼저 싸움을 걸었으나, 얼마 지나지 않아 당나라군이 싸움을 걸기 시작했다. 거란군이 조금씩 지치기 시작한 것이다. 장기전을 거의 치러 보지 못한 탓이기도 했지만, 당나라 군의 전술 때문이기도 했다.

당나라의 무유의는 많은 군사를 거느린 덕에 군대를 크게 세 군단으로 나누어 하루에 한 군단씩 거란군을 상대하도록 했다. 장구절이 미리 알려 준 전투 방법이었다. 당나라군은 하루 싸우고 이틀을 쉬게 되어 언제나 충분히 휴식하고, 배부르게 식사를 한 다음에 여유있게 전투에 임할 수 있었다. 하지만 거란군은 매일 치열한 전투에 시달려 급속도로 지치게 된 것이었다.

매일 싸움을 걸던 당나라군은 거란군이 심하게 지친 기색을 보이자 일제히 진격을 시작했다. 전투가 시작된 지 열흘이 지난 후였다.

"자, 모든 병사들은 진격하라!

거란의 도적들을 한 놈도 남겨 두지 말라! 공격이다!"
 '둥― 둥― 둥―'
 세 군단으로 나누어 싸우던 당나라군이 한꺼번에 달려들자, 억센 거란군도 밀려나기 시작했다. 거란군은 거듭 밀려나다가 결국 유주의 거란성까지 후퇴하게 되었다.
 그 때였다.

'와아- 와아-.'

거란성에서 함성이 터져 나왔다.

"이게 무슨 소리냐!?"

손만영은 깜짝 놀라 거란성을 바라보았다. 유주의 성에서도 자기네 거란군이 밀리는 것이 훤히 보일 텐데, 저렇게 함성을 지를 이유가 없다고 생각했기 때문이었다.

그러나 손만영이 올려다본 거란성에는 거란의 깃발이 보이지 않고 낯선 깃발이 나부끼고 있었다.

"전하, 저것은, 해족의 깃발입니다!"

영주에서 거란과 동맹을 맺고 함께 측천무후에 맞섰던 해족이 배신을 한 것이었다.

"뭐라고, 해족이 배신을……. 왜지?"

당황해하는 손만영의 눈에 거란성의 문을 열고 달려나오는 해족의 군대가 보였다. 뒤에는 당나라의 대군, 앞에는 배신한 해족의 군대. 양쪽의 군대를 한꺼번에 막아내기는 불가능했다.

해족 군대의 선두에 해족 추장의 얼굴이 보였다.

"네 이놈! 우리 거란이 너희 해족을 영주에서 해방시켜 주었는데, 너희가 우리를 배신하다니. 너희 족속은 은혜를 배신으로 갚는 족속이었더냐!"

해족 추장은 움찔했지만, 곧 웃으며 말했다.

"허허, 자신의 부락도 제대로 지키지 못하면서 어찌 이 곳까지 나와 싸우고 있는 게요? 당신네 거란의 부락마저 돌궐에게 뺏긴 마당에 우리 해족이라고 별 수 있겠소? 우린 살기 위해 돌궐에 항복했을 뿐이오!"

손만영은 분노로 눈이 벌개졌다. 그러나 이 곳에서 싸워봤자 당하는 건 자신일 뿐이었다.

"후퇴다! 후퇴하라!"

손만영은 크게 외쳤다. 그러나 이미 해족과 당나라군에 에워싸인 거란군이 탈출하기는 쉽지 않았다. 그래도 손만영은 여전히 날랜 기병대의 대장이었다. 손만영은 정예 기병들을 자신의 주위로 모았다. 대략 삼천 명 정도였다.

손만영은 정예 기병들과 함께 해족 포위망 중 얇은 쪽을 찾았다. 그리고는 그 방향으로 돌격해 들어갔다. 해족도 완강히 막아섰지만, 정예의 거란 기병은 쉽게 해족의 포위망을 뚫고 빠져나왔다. 비록 수만의 부하 병사들이 당나라 군과 해족에 죽어가고 있었지만, 손만영은 자신만이라도 살아야 후일을 도모할 수 있다고 생각했다.

손만영은 거란 기병들과 함께 재빠르게 동쪽 숲으로 퇴각했다. 숲을 통과해 북동쪽으로 가면 거란의 본거지다. 비록 돌궐에게 당했지만, 여전히 거란족이 가장 많이 있는 곳이다. 거란군에게 무기를 지원해 주었던 고구려인과 말갈인들도 아직은 거란의 든든한 동맹군인 것이다. 그렇게 생각하며 손만영은 숲 안으로 들어갔다.

그 때, 앞쪽에 갑자기 기병들이 나타났다. 그리고 뒤로 몇 천은 돼 보이는 기병들이 나타났다.

"손만영을 잡아라!"

소리치며 달려오는 군사들은 당나라의 기병이었다. 앞에

서 부총관 장구절이 말을 타고 다가왔다.
"도망갈 곳은 없다. 손만영!"
손만영은 주먹을 불끈 쥐었다.
"저놈을, 죽여라! 길을 열어라!"
손만영이 소리치자, 거란의 기병들이 함성을 지르며 장구절이 있는 쪽으로 달려갔다.

장구절의 기병들은 거란의 기병들을 상대하면서 뒤로 뒤로 후퇴했다. 그러는 사이 거란 기병의 뒤를 쫓아오던 당나라 기병들이 진격해 와 거란군의 뒤를 공격했다. 손만영의 거란군은 장구절의 기병을 뚫지도 못한 채 사방의 적들과 치열하게 싸워야만 했다.

그 와중에서도 손만영은 실력을 발휘했다. 엄청난 집중력으로 겹겹이 에워싼 장구절의 기병들을 뚫고 탈출한 것이다.

도망가는 손만영의 뒤를 따르는 거란 기병은 이제 겨우 몇 기뿐이었다. 한참을 동쪽으로 동쪽으로 쉬지않고 달리자, 눈앞에 강이 나타났다. 그제서야 손만영과 거란 기병들은 말을 멈추고 숲 속으로 숨어 들어갔다.

"휴우, 이게 무슨 꼴이냐! 한때 거란의 가한이라고 칭했던 내가 이제 겨우 몇 명의 병사와 함께 이렇게 쫓기는 신세가 되다니······."

갑자기 이해고가 생각났다.

"이해고와 함께 싸울 때는 늘 안심이 되었는데, 그가 없고 보니 이렇게 되어 버렸구나."

거란의 기병들도 말에 재갈을 물려 숲 속에 숨긴 후에 손만영의 주위에 털썩 주저앉았다. 숲 속은 이따금 손만영의 한숨 소리만 들릴 뿐, 바람소리 하나 없이 조용했다.

"탈가닥- 탈가닥-."

멀리서 말발굽 소리가 들려왔다. 당나라 군의 기병인 듯했다. 거란의 기병들은 긴장한 채 말발굽 소리가 들리는 쪽으로 시선을 돌렸다. 그리고는 손만영을 쳐다보았다. 손만영은 그 소리가 들리지 않는지 그저 하늘을 보며 한숨을 쉬고 있을 뿐이었다. 그 동안 자신들의 지도자며 왕으로 모셔 왔던 맹장의 모습은 그 어디에도 남아 있지 않았다.

그 때 한 병사가 손만영을 쳐다보며 엉뚱한 생각을 했다.

'저 용맹스러웠던 손만영도 이제는 한숨이나 내쉬는 필부가 되었는데, 나는 이제 어디로 가나? 이대로 당나라 군사에게 잡히면 그대로 죽임을 당할 텐데, 그럴 바엔 차라리······.'

병사는 칼을 쥐고 손만영에게 다가갔다. 다른 병사들은 말발굽 소리가 들리는 쪽에 신경을 쓰고 있었다. 칼을 쥔 병사가 손만영의 바로 앞까지 바짝 다가섰다. 그러나 손만영에게는 그 병사가 보이지 않는 듯했다. 흐려진 눈으로 여전히 하늘만 바라보고 있었다. 휙 하고 칼날이 허공을 갈랐다.

"크윽!"

머리가 없는 손만영의 몸뚱이가 힘없이 쓰러졌다. 거란군의 마지막 대장은 이렇게 목숨을 잃었다.

거란군이 괴멸되었다는 소식에 측천무후는 크게 기뻐했다.

"오호, 그것 참 잘 되었구나. 대총관 무유의가 제대로 해내었구나. 그와 그의 장수들에게 큰 상을 내리겠노라!"

그 때 한 신하가 나서며 말했다.

"영주에서 반란을 일으킨 무리들은 거란뿐이 아닙니다. 거란과 함께 반란을 일으킨 고구려의 유민들이 지금 요동을 떠나 동쪽으로 도망치고 있다고 하옵니다."

측천무후가 눈을 번뜩이며 앙칼지게 소리쳤다.

"무어라, 괘씸한 것들! 그 놈들도 다 잡아야 한다. 무유의 대총관에게 그렇게 이르시오!"

측천무후의 명령은 곧 대총관 무유의에게 전달되었다. 무유의는 곧 부총관 장구절을 들라 일렀다.

"조정에서 영주를 탈출한 고구려 일당을 잡아들이라는 명령이 떨어졌소. 지금 우리 장수들은 거란과 싸우느라 지쳤는데, 어떻게 저 멀리 요동까지 간단 말이오? 무슨 좋은 수가 없겠소??"

장구절이 대답했다.

"얼마 전 저희에게 투항한 이해고의 무리들이 있지 않습니까? 그들에게 군사를 주어 보내십시오. 우리보다 길도 잘 알 테고, 무엇보다 그들이 공을 세우기를 간절히 원할 테니까요."

무유의는 무릎을 쳤다.

"그렇군! 역시 부총관이오!"

그들이란, 바로 이해고와 낙무정을 두고 한 말이었다.

손만영을 떠난 이해고와 낙무정은 거란군이 괴멸되고 손만영이 잡히자, 곧 장구절의 부대를 찾아가 투항의 뜻을 밝혔다.

비록 그 동안 당나라의 수많은 군대를 유린했던 적이었지만, 이해고의 능력을 잘 알고 있던 장구절은 대총관 무유의에게 그들을 받아들일 것을 설득했다. 그러자 무유의는 펄쩍 뛰었다.

"말도 안 되오! 저 이해고 때문에 얼마나 많은 우리 장수가 죽고 우리 군대가 괴멸되었는지 장군도 잘 알잖소! 저놈은 당장 죽여 마땅하오!"

"대총관님의 말씀도 맞습니다. 하지만 저 장수가 얼마나 대단한 능력을 가지고 있는지 아시잖습니까? 부끄럽습니다만 능력으로 보면 저보다 한 수 위입니다. 그런 장수를 밑에 두실 수 있는 기회입니다. 저 자를 죽이면 당장이야 후련하시겠지만, 무슨 이득이 있겠습니까? 아직 변방의 오랑캐들이 호시탐탐 중원을 노리고 있는데, 지금 은혜를 베푸시면 장차 좋은 일이 있을 것입니다."

"하지만……."

무유의는 장구절의 간절한 설득에 못이겨 결국 이해고를

받아들이기로 한 것이다.

 그렇게 받아들인 이해고를 이렇게 빨리 활용할 줄은 몰랐다. 무유의는 곧바로 조정에 이해고를 고구려 민란군의 토벌대장으로 삼을 것을 상주했다. 조정은 무유의에 뜻에 따라 이해고에게 좌옥검위대장군이라는 벼슬을 내리고, 토벌군의 대장으로 임명했다. 그리고 그에게 당나라 병사와 해족의 기병으로 구성된 10만 병력을 내주었다.

 토벌군 대장이 된 이해고가 장수들을 모아 놓고 말했다.

 "부지런히 달린다면 요하를 건너기 전에 고구려 군을 따라잡을 수 있을 것이다. 내가 먼저 기병을 이끌고 고구려 군을 추격하겠다. 그대들은 보병을 이끌고 곧바로 뒤따라 오라!"

 말을 마치기가 무섭게 이해고는 기병들을 이끌고 동쪽을 향해 달려갔다.

걸사비우의 죽음

"고구려 유민을 안전하게 요동까지 데리고
오라는 것이 대조영 장군께서 내게 내린 명령이었소.
그 명령을 지킬 수만 있다면 내 목숨이야……."

영주를 떠난 고구려와 말갈 유민은 697년 가을 무렵, 요하에 이르렀다.

유민의 대부분이 일반 백성들이었기 때문에 이동하는 속도가 예상보다도 느렸다. 게다가 이동하면서 그 수가 엄청나게 불어나고 있었다. 영주 지방에서 모인 고구려 백성들이 다시 고구려로 돌아가기 위해 동쪽으로 간다는 소문이 갈수록 요동과 요서, 압록수와 송화강 유역까지 널리 퍼져 갔기 때문이었다.

나라를 잃은 슬픔을 안고 살아가던 수많은 고구려 유민들은 먼길을 마다하지 않고 이들을 찾아왔다. 요하를 바로 앞에 둔 무렵에는 그 수가 삼십만이 넘어섰다.

요하에 닿자, 대야발은 걸사비우를 불렀다. 긴 행렬의 맨 뒤에 있던 걸사비우가 급히 말을 달려왔다.

"무슨 일이오, 대야발."

"오셨소? 도강 문제를 상의하려고 불렀소."

"도강이라니요? 저희는 이미 영주에서 요하를 건너기 위해 배를 만들 목재들을 많이 싣고 왔습니다. 그것들을 이용하면 되지 않겠습니까?"

대야발 역시 그런 사실은 알고 있었다.

영주에서 대야발과 대무예 형제, 걸사비우와 함께 고구려 유민들을 이동시킬 계획을 짤 때, 이들의 가장 큰 고민은 바로 요하를 건너는 것이었다. 군대라면 강을 건널 배를 미리 만들어 군인들이 옮기면 되었다. 그렇지만 고구려와 발해의 유민 대부분은 어린아이, 여자, 노인들이었다. 청년들은 대조영이 이끌고 요동으로 갔고, 거란의 청년들은 유민들을 보호하기 위해 몇 개의 부대로 나뉘어 유민들과 수십리의 거리를 두고 경계를 하고 있었다.

대야발은 근심스러운 얼굴로 말했다.

"영주에서 애당초 계획을 세울 때는 유민의 수를 많이 잡아 십오만 정도라고 생각하지 않았소? 헌데 지금 유민의 수는 삼십만을 넘고 있소. 이래서는 요하를 건너는 데 당초 계획보다 훨씬 더 많은 시간이 걸릴 것 같소."

"큰일입니다. 이제 곧 당나라군이 뒤쫓아올 텐데……. 그리고 머지않아 겨울이 곧 닥칠텐데 이 곳에서 오래도록 지체한다면……."

걸사비우는 그제서야 사태가 여간 심각하지 않다는 것을 깨달았다. 지금이 9월. 요하를 건너면 10월 말이 된다. 그러면 금방 겨울이 닥치고, 눈이라도 오게 되면……. 생각만 해도 끔찍한 일이 아닐 수 없었다.

대야발의 근심어린 목소리가 이어졌다.

"듣기로는 거란군이 완전히 패했다고 합니다. 이제 곧 당군의 추격이 시작될 것이오. 설사 요하를 건넜다 한들 동모산에 가기 전에 우리는 당군에게 따라잡히게 될 것입니다."

대야발은 이 자리에 대조영이 없는 것이 안타깝기 짝이 없었다.

그 때 대문예가 들어왔다.

"숙부님, 가져 온 목재를 요하 강변에 쌓기 시작했습니다. 내일이면 배의 조립을 시작할 수 있겠습니다."

"오, 그러냐? 다행이다. 그런데 야단났구나!"

대야발은 지금 처한 상황을 대문예에게 대충 설명해 주었다.

"요동 쪽에 계신 형님도 이 상황을 미리 알아 두시는 것이 좋을 것 같다."

"네, 알겠습니다. 그럼 제가 아버님께 다녀오도록 하겠습니다."

대문예는 곧 말을 타고 요동 쪽을 향해 바람같이 달려갔다.

대문예가 나가자 걸사비우가 대야발에게 말했다.

"일단 첩자를 보내어 당군의 움직임을 알아봐야겠습니다. 당군이 요하에 도착하는 시간에 맞추어 제 부대로 당군을 저지하겠습니다. 일단 당군이 요하를 건너는 것을 막고 있으면, 그 사이 대형이 어떻게든 조처해 줄 거라 생각하오."

걸사비우의 말에 대야발이 고개를 저었다.

"하지만, 적은 군사로 어떻게 그 많은 당군을 대적하려 하시오?"

"고구려 유민을 안전하게 요동까지 데리고 오라는 것이 대조영 장군께서 내게 내린 명령이었소. 그 명령을 지킬 수만 있다면 내 목숨이야……."

"아, 걸사비우!"

대야발의 눈에 눈물이 가득 고였다. 대야발은 걸사비우가 걱정되었지만, 다른 방법이 없었다. 대야발은 떠나가는 걸사비우의 손을 잡고 떨어지지 않는 입을 열었다.

"장군, 부탁하오……."

"앗, 당나라군이다!"

후미를 지키고 있던 말갈 초병들이 걸사비우에게 달려와 고했다.
"당나라 기병이 나타났습니다!"
"아니 벌써, 그놈들이!"
말갈 초병의 말은 사실이었다.

이해고가 거느린 선발 기병들이 먼지를 일으키며 나타난 것이다. 그들은 낙무정이 거느린 보병들보다 훨씬 앞서서 고구려 유민의 뒤를 추격해 온 것이었다.
 걸사비우는 말갈군을 둘로 나누어 절반은 고구려 유민과 함께 요하를 건너게 하고, 나머지 절반의 군사를 요하 유역

숲 속에 매복시켰다.

이해고가 일만의 기병을 이끌고 숨을 헐떡이며 요하에 닿았다. 그렇지만 도도히 흐르는 요하 강변 어디에도 고구려 유민의 모습은 보이지 않았다.

"에잇! 분하다. 우리가 한발 늦었구나! 그렇지만 멀리는 못 갔을 것이다."

이해고는 고구려 유민들이 모두 요하를 건넌 것으로 생각했다. 그래서 강 유역에 본진을 설치하고 해족 기병들에게 뗏목을 만들라고 지시했다. 기병들은 말에서 내려 숲으로 들어가 나무를 베어냈다. 당나라 기병들이 무장을 풀고 숲으로 들어가 나무를 베고 있을 때였다.

"와아!"

숲 속에 숨어 있던 걸사비우의 말갈군이 당나라 기병들을 기습 공격했다.

"적이다! 숲 속에 매복했다!"

공격을 받은 기병들이 소리쳤다. 이해고는 침착하게 기병들을 모두 본진으로 불러들였다.

그렇지만 이미 수많은 기병들이 말갈군에게 죽임을 당했다.

"네놈들이 스스로 무덤을 파는구나!"

이해고는 기병들로 숲을 에워싸게 했다. 그리고는 명령을 내렸다.
"숲에다 불을 질러라!"
숲을 에워싼 당의 군사들이 숲에다 불을 질러버렸다.
"불이다! 어서 불길을 피하라!"
걸사비우는 어쩔 수 없이 말갈군을 이끌고 포위망의 한쪽을 노려 공격했다.
걸사비우의 병사는 약 3천에 불과했다. 게다가 대부분이 보병인데다 무기도 보잘것없었다. 그러나 걸사비우에게서 잘 훈련된 말갈의 병사들은 쉽게 무너지지 않았다. 말갈의 병사들은 포위망을 무너뜨리고 숲에서 탈출하는 데 성공했다. 탈출에 성공한 말갈군들이 오히려 해족 기병들을 공격하기 시작했다.
"저놈들은 멀리서 달려왔으니 이미 지쳤다! 우리는 이길 수 있다! 닥치는 대로 무찔러라!"
걸사비우는 병사들을 독려하며 해족의 기병들을 닥치는 대로 쓰러뜨려 나갔다. 걸사비우의 도끼 앞에 무수한 적병들이 쓰러졌다.
"앗, 저놈은 걸사비우?"
걸사비우를 본 이해고는 깜짝 놀랐다. 영주에서 가끔 만났던 그 걸사비우였기 때문이었다. 이해고는 걸사비우 앞으로 달려갔다.

169

"걸사비우 장군!"

이해고가 크게 소리쳤다. 걸사비우도 이해고를 보았다.

"이해고! 네 이놈! 네가 당나라에 혼을 팔다니!"

이해고를 보자 걸사비우는 크게 노했다. 자신의 집에서 그와 함께 술을 마시던 기억이 떠올랐다. 그 용감하고 속이 깊던 동료가 이제는 적이 되다니!

그 때 이해고가 히죽거리며 말했다.

"거란군에는 더 이상 희망이 없었소! 이제는 당신네 말갈족과 고구려도 마찬가지요. 공연히 귀한 목숨 헛되이 버리지 말고 나와 함께 당나라로 가서 영화를 누리심이 어떠오?"

"닥쳐라 이놈! 대 고구려의 걸사비우가 어찌 겨레의 혼을 파는 네놈과 상종하랴!"

걸사비우는 이해고를 외면하고 다시 기병과 맞붙어 싸웠다. 부하들인 말갈군은 더욱 힘을 내어 당군을 격파해 갔다.

이 장면을 본 이해고는 크게 놀랐다. 보병이 기병과 맞서 싸운다는 것은 숫자가 훨씬 많지 않으면 힘든 일이다. 말 위의 기병을 떨어뜨리기 위한 무기도 필요했다. 하지만 지금 걸사비우가 거느린 말갈군은 말을 베어 쓰러뜨린 뒤 다시 기병을 쓰러뜨리면서도 대등하게 싸우고 있지 않은가?

'아, 역시 걸사비우는 뛰어난 장수로다!'

이해고는 곧 부장들과 함께 걸사비우를 향해 말을 달렸다.

이해고가 크게 소리를 지르며 걸사비우에게 달려들자 걸사비우도 이해고를 맞아 싸웠다. 두 사람의 칼과 도끼가 불꽃을 튀기며 부딪쳤다. 거란군에서도, 당군에서도 그 상대를 찾기 어려웠다는 이해고에게 걸사비우는 한 치의 밀림도 없었다.

두 사람의 싸움은 한나절이 지나도록 끝이 나지 않았다. 그러나 말갈의 병사들은 수적으로 당의 군대에 밀리고 있었다. 말갈의 병사 대부분이 쓰러지고, 이제 걸사비우의 주변에 수십 명만이 남아 있을 뿐이었다.

함께 거사를 주도했던 이해고와 걸사비우는 묵묵히 싸움에 몰두했다. 마치 두 사람의 사이를 정리하는 마지막 의식처럼 보였다.

이윽고 이해고의 검술에 틈이 생겼다.

"에잇!"

걸사비우의 도끼가 틈을 비집고 이해고의 옆구리로 날아드는 순간이었다.

"휘익 퍼퍼퍽! 퍽!"

날카로운 소리와 함께 화살 넉 대가 한꺼번에 걸사비우의 팔과 어깨, 가슴에 꽂혔다.

걸사비우는 도끼를 치켜든 채 화살이 날아온 방향을 보았다. 이해고 역시 화살이 날아온 방향을 보았다. 이해고의 부장 낙무정이 세 명의 궁수와 함께 활을 잡고 있었다.

"흐억!"

걸사비우가 말에서 떨어졌다.

쓰러진 걸사비우의 주변에는 마지막까지 함께 싸우던 말갈의 병사들이 쓰러져 있었다.

"위험했습니다. 장군!"

낙무정이 달려와 이해고를 살펴보았다. 이해고는 완전히 기진맥진한 상태였고, 온몸에는 걸사비우의 도끼에 맞은 상처가 나 있었다.

"당신은, 대 대단한 장수였소. 윽!"

걸사비우를 내려다보며 간신히 이 말을 내뱉은 이해고는 그대로 말 위에 쓰러져 기절해 버렸다.

이해고의 부상은 생각보다 심각했다. 이에 당나라군은 이해고의 부상이 완쾌될 때까지 추격을 중지했다.

대문예는 요하 강변의 사정과 그간의 정보를 대조영에게 전했다.

"아버님, 예상보다 많은 유민이 모여 요하를 건너는 데 시간이 많이 걸릴 것 같습니다."

"그런데 거란군도 예상보다 빨리 무너져버렸다. 사태가 긴박하게 돌아가고 있구나!"

"우리 백성들이 요하를 건너기 전에 당군이 추격해 올 지도 모릅니다."

그런데 갑자기 대조영의 입에서 엉뚱한 말이 튀어나왔다.

"아깝다, 걸사비우!"

"아니, 아버님. 걸사비우 장군이 아깝다니요?"

"걸사비우는 십중팔구 죽을 줄 알면서도 자신의 부대로 요하를 지키려 할 것이다. 고구려 유민이 요하를 건너 조금이라도 더 멀리 달아날 수 있도록 하려고!"

"예? 아버님 그걸 어떻게……?"

"걸사비우는 용맹하기도 하지만, 지혜로운 장수이기도 하지. 자신이 요하를 지키지 않으면 유민들이 동쪽으로 이동할 시간을 벌 수 없다고 생각했을 게다."

"그러면, 아버님도 걸사비우와 함께 요하를 지키시려 하십니까?"

"아니, 난 그럴 수 없다."

"그럼 어찌 하시렵니까?"

"우리는 일반 백성이고, 상대는 당나라의 군대다. 우리는 겨울에 이동할 수 없고, 저들은 행군이 가능해. 게다가 적의 대장은 그 이름난 명장 이해고가 아닌가. 그렇다면……."

대조영의 눈이 빛났다. 무언가 계책을 이미 마련한 눈빛이

었다.

두 사람은 지름길을 택해 이미 요하를 건넌 고구려 유민들이 있는 곳으로 달려갔다.

"형님!"

대야발이 대조영 앞에 엎드려 눈물을 쏟았다.

"걸사비우는 강을 건너지 못했습니다."

"안다. 그렇지만……."

말하는 대조영의 눈에서도 뜨거운 눈물이 흘러내렸다. 아직 걸사비우의 정확한 소식은 알지 못했지만, 왠지 불안한 생각이 들었기 때문이었다.

대조영이 눈물을 훔치며 말을 이었다.

"자, 서둘러라! 강을 건넌 자는 어서 동모산으로 들어가야 한다. 그게 우리가 살 길이고 걸사비우의 생각을 헤아리는 것이다!"

영주에서 요하를 건넌

고구려 유민과 요동을 중심으로 무예와 대조영을 따라 온 유민이 만나 긴 강처럼 꿈틀거리며 동모산으로 향했다.
 맨 뒤에는 대무예가 거느린 3만의 병사가 이들을 수호하고 있었다.

천문령 대첩

어마어마한 바위 세례에 나무로 된 다리는
그 형체조차 찾을 수 없었다. 무너진 다리와 함께
수천의 기병과 보병들이 계곡 밑으로
떨어져 죽고 말았다.

간간히 눈이 내리기 시작했다.

대조영이 이끄는 유민들은 명왕산을 지나 화주 부근에까지 이르렀다. 이 곳에서 유민들은 천막을 치고 야영을 하기로 했다. 유민들은 화주의 옛 고구려인들에게 식량을 얻어 오기도 하고, 주변의 들에서 나무 열매를 따오기도 했다.

이제 조금만 더 가면 진국의 영역이었다.

남쪽 요동에서 올라온 대문예도 합류했다. 이제 유민은 40만에 이르렀다. 대조영은 대야발과 대무예, 대문예를 모두 모이게 했다.

대조영이 대야발을 보고 입을 열었다.

"아버지께서 우리를 마중 나오고 계시단다."

"네? 할아버지께서?"

"그래. 노환으로 몸이 편치 않으실 텐데도 우리를 염려하여 진국의 군대를 이끌고 이쪽으로 오고 계시다고 한다."

"그렇다면, 어서 동쪽으로 가서 합류해야지요. 진국의 군대와 합류하고 나면 쫓아오는 당군과도 싸울만 하겠습니다."

대문예의 얼굴이 모처럼 활짝 펴졌다.

"안 된다! 곧 눈이 온다. 우리가 동쪽으로 아무리 빨리 가도 진국 군대와 합류하기 전에 당나라 군대에 당하고 만다."

대문예의 얼굴이 다시 어두워졌다.

"그럼, 어찌해야 합니까?"

"우리는 이 곳에 머무르며 진국의 군대를 기다리기로 한다."

대무예가 의아해하며 물었다.

"아버님, 그러면 당나라 군대와 더 빨리 만나게 되지 않습니까?"

대조영이 대무예를 보며 말했다.

"무예야."

"네, 아버님."

"싸움은 유리한 곳을 먼저 차지하는 쪽이 승산이 크다. 그러니 우리는 다시 명왕산을 지나 천문령으로 돌아가서 적을 맞아야겠다."

"옛? 천문령이라구요?"

"그래. 천문령이다. 천문령을 지날 때 지형을 봐 두었다. 그 곳이라면 능히……."

대조영이 말을 잠시 끊었다.

"그, 이해고 장군을 맞아 싸울만 할 것 같다."

"이해고 장군……."

대무예는 그 이름을 듣고 잠시 말이 없었다. 대무예 역시 영주에서부터 거란인들로부터 존경을 받던 이해고 장군을 잘 알고 있었다. 대조영과 이진충이 처음 만나 영주에서 봉기할 수 있었던 것도 이해고 장군의 덕분이었다. 하지만 이제 이해고는 적으로서 공포의 대상이었다. 지금껏 이해고가 전장에서 패한 적이 없다는 것은 이미 하나의 전설이 되어 가고 있지 않은가?

"이해고 장군이 당군을 끌고 온다면 더더욱 할아버지의 군대가 필요하지 않겠습니까?"

대무예가 떨리는 목소리로 말했다.

"그래. 나와 무예가 이해고를 맞아 싸우며 시간을 끌 것이다. 대야발과 대문예는 이 곳에서 기다리다가 진국의 군대가 오면 곧장 천문령으로 보내도록 해라. 천문령에서 당군을 확실히 꺾어 놓으면 우리는 무사히 동모산에 입성할 수 있을 것이다."

대무예는 그제서야 고개를 끄덕였다. 대야발과 대문예도 고개를 끄덕이며 그러겠다고 했다.

"그런데, 걸사비우 대장님은 언제 돌아오실까요?"

대문예가 문득 생각난 듯 말을 꺼냈다. 그 말에 대조영의 얼굴은 어두워졌다. 대조영은 짐작하고 있었다. 앞으로 걸사비우를 다시 보기는 힘들 거라고…….

그 때, 말갈의 부장 한 사람이 들어서며 소리쳤다.

"대 장군님! 대 장군님! 걸사비우 대장님께서 돌아가셨습니다!"

모여 있던 이들이 모두 벌떡 일어섰다.

"뭐라고! 걸사비우 대장님이!"

대조영은 가만히 앉은 채 고개도 돌리지 않고 전령에게 물었다.

"이해고는 어떠하다든가?"

"이해고는 걸사비우 장군님과의 싸움 끝에 장군님이 전사하자, 혼절했다고 합니다. 하지만 죽지는 않은 것 같습니다."

"적은 요하를 건넜느냐?"

"이해고의 상처가 깊어 잠시 추격을 멈추었다고 합니다."

"알았다. 모든 일이 내가 짐작한 대로다. 내가 지시한 대로 모든 준비를 하고, 내일 바로 떠나도록 하자. 난 잠시 혼자 있고 싶구나."

걸사비우에 대한 비보에 충격을 받은 대무예와 대문예는 말을 잇지 못한 채 우두커니 서 있었다. 대야발은 두 조카에게 눈짓으로 밖으로 나가라고 했다. 이어 곧 밖으로 나온 대야발이 두 조카에게 말했다.

"걸사비우 대장은 너희 아버님의 평생 친구셨다. 지금은 혼자 계시게 해 드려라."

대야발이 자리를 뜨자, 이내 대조영의 통곡 소리가 들려왔다. 거대한 짐승의 울부짖음과 같은 울음소리였다.

　다음날 아침, 대조영은 1만의 고구려군과 걸사비우가 이끌었던 말갈군 3천을 거느리고 천문령으로 출발했다.
　대조영의 군대가 천문령에 도착한 것은 그로부터 일 주일 후였다.

이해고의 당나라 군은 아직 보이지 않았다. 대조영은 천문령을 거슬러 내려가면서 지리를 다시 확인했다.

산 아래에서 언덕을 오르는 길은 산 위로 올라오면서 산의 구부러진 모양을 따라 좌우로 심하게 구부러져 있었다. 계곡으로 구부러진 곳에서는 구부러진 모양이 잘 보였지만, 산등성이를 도는 곳에서는 길 너머가 보이지 않게 되어 있었다. 모든 길은 눈 때문에 매우 미끄러워 행군이 수월치 않았고 길바닥도 거의 보이지 않았다.

대조영은 산등성이를 돈 후, 다음 산등성이까지 가는 U자로 구부러진 길에 계곡을 가로지르는 큰 다리를 놓게 했다. 그리고 계곡의 위쪽에 큰 바위들을 모아 두도록 했다.

눈 덮인 산속에서 계곡에 다리를 놓고 바위를 옮기는 일은 대단히 위험하고 힘든 일이었다. 그러나 겨울의 산과 들에 익숙해져 있던 고구려와 말갈의 병사들은 거대한 다리를 놓고 바위를 모으는 데에는 그리 오랜 시간이 걸리지 않았다.

모든 작업이 끝나자, 대조영은 대무예에게 따로 1천의 군사를 주며 일렀다.

"나는 이제 평지로 내려가 이 길을 지나지 못하도록 낮은 성을 쌓고 이해고와 싸울 것이다. 너는 이 곳에서 기다리고 있다가 내가 후퇴하면 저 바위를 아래로 떨어뜨릴 준비를 하고 있거라. 그러다가 후퇴하는 우리 병사들이 저 다리를 지나고, 이해고의 부대가 다리를 지나 우리를 공격하려고 할 때, 저 바위를 아래로 굴리면 된다. 알겠느냐?"

대무예는 대조영의 계책을 알아챘다.

"그래서 산등성이를 지난 곳에 다리를 놓으신 거로군요! 다리가 무너져 내린 것을 기병들이 보지 못하도록 말입니다."

대조영이 머리를 끄덕이는 것을 보며 대무예가 말했다.

"그렇다면, 산등성이로 올라오는 길의 눈을 모두 치우도록 하겠습니다. 적의 기병들이 눈이 없어야 좀 더 신나게 달릴 테니까요."

대조영은 감탄했다.

"네가 이제 나보다 낫구나. 하하하!"

대조영은 군사들에게 돌을 모아 사람 어깨 높이로 담을 쌓게 했다.

담 뒤로 보병들이 창을 들고 서고, 그 뒤로는 궁수들이 활을 들고 돌로 만든 계단 위로 올라가 있게 했다. 맨 뒤에는 대조영이 2천의 기병을 높은 곳에 배치했다.

준비가 끝나자, 대조영은 높은 곳에 올라가 앞을 내려다보았다. 멀리 먼지 구름이 피어올랐다.

"이해고의 기병이다! 모두 화살을 먹이고 기다려라!"

궁수들이 화살을 시위에 걸었다. 명령만 떨어지면 언제라도 화살을 날릴 준비가 되었다. 당의 기병들이 아직 맥궁의 사정거리에 들어오지 않았다. 그러나 대조영의 입에서 명령이 떨어졌다.

"쏴라! 화살을 멀리 날려라!"

"슈슈슉 -."

맥궁들이 일제히 화살을 쏟아냈다. 화살들은 큰 포물선을 그리고 날아갔지만 당의 기병들에는 미치지 못했다. 화살들이 날아오는 것을 본 이해고가 명령했다.

"멈춰라!"

멈춰선 기병들의 수십 보 앞에 화살들이 떨어져 땅에 박혔다.

부장 낙무정이 껄껄 웃으며 말했다.

"대조영 장군이 오랫동안 싸움을 안 해서 감각이 많이 떨어졌나 봅니다. 저렇게 멀리서 화살을 쏘다니요. 하하하"

"방심하지 마라. 적은 천하의 명장 대중상의 아들 대조영이다. 걸사비우조차 한 수 접어 주던 장수다!"

낙무정은 멋쩍은 듯 웃음을 거두었다.

이해고는 대조영이 어떤 함정을 준비해 두었는지 두려워 섣불리 공격하지 않았다. 본진을 설치한 후 하루를 그냥 보낸 후에 다음날에야 공격을 시작했다.

이해고가 기병을 내어 공격하자, 대조영은 담 너머에서 창을 꼿꼿하게 세우고 서서 궁수들로 하여금 요란하게 활을 쏘게 했다.

기병이 여의치 않자, 이해고는 이번에는 보병들에게 방패를 등에 지고 돌격하도록 했다. 그러나 보병이 다가오자, 대조영은 기병을 이끌고 직접 담을 넘어 와 보병들을 도륙했다.

이해고가 이번에는 궁수들을 앞세워 공격했다. 그러자 맥궁을 가지고 높은 곳에 올라가 있는 고구려의 궁수들이 훨씬 멀리서부터 화살을 쏟아내어 당의 궁수들은 제대로 활을 쏘아 보지도 못하고 물러나고 말았다.

"이거 도저히 당해낼 수가 없구나!"

꾀 많은 장수로 소문난 이해고지만 이쯤 되면 낙심할 만도 했다.

유민들을 추격하는 게 임무였기 때문에 운반하기 힘든 공성 무기를 하나도 준비하지 않았던 당군은 뾰족한 수를 내기가 어려웠다.

당군과 고구려군은 그렇게 일진일퇴를 거듭하며 열흘을 보냈다. 그러던 중 대중상의 지원군이 천문령에 도착했다는 소식이 이해고에게도 전해졌다.

"안 되겠다! 더 이상 지체할 수 없다. 총공격을 하자."

이해고는 군사를 아껴서는 안 되겠다고 판단했다. 다음날, 이해고는 10만 전군에게 총공격 명령을 내렸다.

"전군, 공격하라!"

10만의 당군은 일제히 대조영의 진으로 공격해 들어갔다. 고구려의 궁수들이 쉴새없이 활을 쏘아 당군을 쓰러뜨렸지만, 쓰러진 병사를 밟고 더 많은 당군이 넘어왔다.

"장군님. 후퇴하셔야 합니다! 적이 곧 담을 넘게 됩니다."

"아직이다. 적이 담을 넘을 때까지 버텨라!"

대조영은 이를 악물었다.

'영리한 이해고를 속이려면 목숨까지 내놓아야 한다. 좀 더 버티자. 조금만 더…….'

이윽고 당의 병사들이 담을 넘기 시작했다. 앞의 병사가 창에 찔리면 그 병사를 타고 다음 병사가 넘어와 고구려의 병사를 베었다. 담을 지키던 보병들이 무너지기 시작하자, 그제야 대조영이 후퇴 명령을 내렸다.

"후퇴하라! 후퇴하라! 전원 속히 언덕으로 올라라! 기병은 뒤를 차단하라!"

대조영은 직접 기병들을 지휘하여 달려오는 적병들을 막아냈다. 그 동안 보병과 궁병들이 산 위로 달아났다.

"적이 도망간다! 공격이다 공격! 기병들은 달려가 대조영을 사로잡아라!"

이해고는 즉시 기병들을 이끌고 대조영의 뒤를 쫓았다. 곧 양군의 기병들이 격돌했다.

"이해고 장군! 이게 무슨 짓이오? 당나라의 앞잡이가 되어 어제의 동지를 공격하다니!"

이해고를 발견한 대조영이 분노에 찬 목소리로 외쳤다.

"불필요한 말이오! 대조영 장군, 항복하지 않으면 오로지 죽음이 있을 뿐이외다!"

이해고는 고구려의 기병들을 향해 쉴새없이 칼을 날렸다.

고구려의 기병들이 용맹하다지만, 몇 배나 되는 당나라의 기병을 당해낼 수는 없었다. 시간이 지나면서 고구려의 기병들이 차차 산 위로 밀려 올라갔다.

대조영은 보병과 궁병들이 모두 산등성이 너머로 사라진 것을 확인하자, 말을 돌려 산 위로 도망가며 소리쳤다.

"후퇴하라!"

고구려의 기병들은 당황한 기척을 내며 하나 둘 말머리를 돌려 대조영을 따라 산 위로 달리기 시작했다. 영락없이 싸움에 져서 퇴각하는 모습이었다.

"다른 조무래기들을 쫓을 필요 없다! 모두 대조영을 잡아라! 나를 따르라!"

이해고는 부장 낙무정에게 보병들과 함께 뒤를 따르도록 한 후, 자신이 직접 기병들을 끌고 산 위로 급히 올랐다. 다행히도 눈이 모두 녹았는지 말을 달리기가 어렵지 않았다.

이해고와 기병들이 산등성이를 돌자 계곡을 가로지르는 크고 넓은 다리가 나타났다. 대조영이 기병들을 이끌고 그 다리를 건너고 있었다. 다리 너머로 다음 산등성이를 돌아 도망치는 고구려 보병들의 모습도 보였다.

이해고는 군사를 이끌고 곧장 다리 위를 달렸다. 만든 지 얼마 안 된 다리라 의심이 생길 만도 했지만 이해고로서는 이 곳이 거란 영역 밖이라 지형에 어두울 뿐 아니라, 지금은 그런 걸 따지고 있을 여유가 없었다.

당군의 기병들도 이해고를 따라 다리 위를 달렸다. 기병들의 뒤를 따라 낙무정이 이끄는 보병들도 속속 다리 위로 오르고 있었다.

다리를 건넌 이해고와 기병들이 막 다음 산등성이를 돌고 있을 때였다.

'휘이이-익!'

산 위에서 기분 나쁜 소리를 내며 화살 하나가 날았다. 이 화살이 신호였던가? 산등성이 위에서 갑자기 우레와 같은 소리를 내며 엄청나게 큰 바위덩어리들이 쏟아져 내렸다. 바위는 병사와 말들을 깔아뭉개며 다리를 덮쳤다.

"앗! 바위다! 피해라!"

"으악, 다리가 무너진다!"

다리를 건너던 기병과 보병들이 바위에 깔리며 다리와 함께 계곡 아래로 떨어져 내렸다. 이해고의 부장 낙무정 역시 말에 탄 채로 계곡 밑으로 떨어지고 말았다.

이 때였다.

달아나던 대조영이 말머리를 돌리며 소리쳤다.

"반격하라! 적을 무찔러라!"

도망가던 고구려 기병들이 일제히 말을 돌려 당나라 병사

들을 향해 달려갔다.
"네 이놈! 네가 바로 배신자 이해고렷다!"
대조영이 이해고를 향해 칼을 겨누고 달려들었다.
깜짝 놀란 이해고가 말을 돌려 달아났다. 그러나 달아나던 이해고의 눈에 아까 건넜던 다리가 보이지 않았다.
어마어마한 바위 세례에 나무로 된 다리는 그 형체조차 찾을 수 없었다. 무너진 다리와 함께 수천의 기병과 보병들이

계곡 밑으로 떨어져 죽고 말았다. 그런데 다리가 무너진 것을 모르는 당의 병사들은 계속 산등성이로 들어섰다가 발을 헛디뎌 계곡으로 떨어졌다.

"안 돼! 밀지 마! 다리가 끊어졌어!"

"멈춰라! 뒤로 돌아가!"

다리가 무너진 것을 발견한 병사들이 목이 터져라 소리쳤지만, 올라오는 병사들은 귀가 먹은 건지 계속 위로 밀고 올라왔다.

다리가 끊어진 것을 안 이해고는 하는 수 없이 계곡 안쪽을 돌아 당군들이 올라오고 있는 산등성이를 피해 언덕 아래로 달렸다.

가까스로 언덕을 내려온 이해고는 그제서야 당군들이 계속 언덕 위로 밀려 올라온 이유를 알게 되었다. 산을 돌아온 고구려군이 언덕 밑에서 당나라 군을 위로 밀어붙이고 있었다. 그래서 쫓긴 당나라 군사들이 언덕 위로 밀려 올라왔던 것이었다

바로 그 때 언덕 아래에서 또다른 군사들이 나타났다.

"저기 이해고가 있다! 저놈을 잡아라!"

대중상의 고구려 군사들이었다. .

이해고는 심호흡을 하며 정신을 가다듬었다. 그제서야 자기가 대중상과 대조영 부자의 완벽한 속임수에 넘어간 것을

깨달았던 것이다. 이해고는 자신을 따르고 있는 기병들을 한 자리에 모았다. 1만의 기병 중 남은 건 겨우 몇 십 기에 불과했다.

이해고가 기병들에게 외쳤다.

"대중상을 죽여라! 그러면 고구려군이 혼란에 빠지게 되고 우리는 혈로를 찾을 수 있다! 반드시 대중상을 죽여야 한다!"

이해고는 기병들을 이끌고 대중상을 향해 말을 달렸다. 이윽고 대중상과 맞닥뜨리게 되자, 기병들이 일제히 대중상을 공격했다.

"어림없다, 이놈들!"

역시 대중상은 요동을 호령하던 호랑이었다. 칠순에 들어선 나이였지만, 대중상은 달려드는 이해고 정예 기병들의 칼을 가볍게 막아내며 벼락같이 소리쳤다.

"이놈, 이해고! 요런 조무래기만 내보내지 말고 네놈이 나오너라!"

그러나 이미 칠십을 넘긴 대중상은 빨리 지쳤다. 이미 여러 군데 상처를 입었다.

대중상이 간신히 당나라 군사들의 칼을 막아내고 있을 때, 저쪽 산등성이에서 대조영의 모습이 나타났다.

"아버님, 소자 대조영이 갑니다!"

대조영이란 말에 이해고의 군대가 멈칫하더니 뒷걸음쳐

달아나기 시작했다.

"이해고의 잔챙이들아, 게 섰거라!"

대조영을 따라오던 기병들이 이해고의 기병들을 뒤쫓기 시작했다. 대중상은 범 같은 모습으로 나타난 믿음직한 아들의 모습을 보고 감격했다.

"조영아, 네가 여기까지 와 주었으니 이제 내가 할 일은 모두 마쳤나 보구나!"

순간 대중상의 얼굴이 창백해졌다. 오랜 세월을 쉬지 않고 달려온 긴장감이 한꺼번에 풀려서일까? 대중상이 갑자기 말 아래로 굴러 떨어졌다.

"아버지!"

대조영이 아버지를 끌어안았다.

"돈화다. 돈화! 돈화에서 큰 나라를 세우거라!"

"아버지 정신 차리십시오!"

"내 시대는 끝났다. 이제 너 대조영의 시대가 열린다. 어서 돈화로. 저쪽으로 ……."

대중상이 손을 들어 북쪽 하늘을 가리켰다.

"아버님, 아버님이 꿈꾸던 큰 나라를 소자 대조영이 반드시 세우겠습니다!"

마침내 대중상은 아들 대조영의 품에서 숨을 거두었다.

대중상 흔히 걸걸중상이라고 불리우는 이 고구려의 영웅

은 이미 진국의 왕이었다. 요동에서부터 흑수에 이르기까지 드넓은 지역에 퍼져 있는 모든 고구려인과 말갈인의 최고 지도자인 것이다.

그리고 그는 평생을 고구려의 복원을 위해 새 나라의 건국에 몸을 바쳐 온 고구려의 용장이요 충신이었다. 이런 그가 자신이 이룩한 새 나라의 기틀이 마련된 지금, 마지막 전투에서 아들에게 그 꿈을 물려 주고 허망하게 눈을 감고 말았다.

갑자기 대중상이 쓰러지자, 잠시 고구려군의 진영은 혼란에 빠졌다. 그 틈을 타 이해고는 멀리 달아나고 말았다.

그가 비록 탈출에는 성공했지만, 10만의 토벌군

중 살아남은 병사라고는 자신과 기병 스물여 명뿐이었다.

대중상이 숨을 거두기는 했지만, 고구려 군사들은 천하의 당나라를 꺾었다는 감격에 눈물을 흘렸다.

"이겼다! 우리가 이겼다!"

"우리 고구려가 당나라 수십 만 대군을 무찔렀다!"

"을지문덕, 연개소문, 양만춘 장군의 뒤를 이은 고구려의 대조영 장군 만세!"

"만세! 고구려 만세! 만세! 대조영 장군 만만세!"

대조영의 천문령 대첩 소식은 삽시간에 요동 전역으로 퍼져 갔다. 그러자 고구려 유민들이 대조영이 있는 곳으로 몰려 왔다.

멀리는 정주, 요동, 심지어는 압록강 건너 평양 부근에서까지 모여들었다. 고구려 유민뿐이 아니었다. 각 지방에 흩어져 있던 말갈족까지 대조영을 찾아왔다. 어느 새 대조영을 따르는 무리가 육십여 만 명을 넘어섰다.

발해 건국

대조영은 당나라로부터 침략을 하지 않겠다는
약속을 받아낸 뒤에야 사신을 교환했다.
두 나라의 사절은 발해만을 통해
동주(지금의 봉래)를 거쳐 장안을 오갔다.
이 곳을 거점으로 무역도 이루어졌다.

"아버님의 유훈을 따르자!"

대조영은 고구려 유민들과 진나라 백성들을 이끌고, 아버지가 말한 돈화 지방(지금의 지린성 돈화현)으로 옮겨왔다.

돈화에 자리잡은 대조영은 먼저 아버지 대중상의 장례를 치렀다. 그리고는 높게 제단을 쌓은 다음 흰 소를 잡아 하늘에 제사를 올렸다. 이것은 하늘의 명을 받아 천자가 되었다는 고구려의 의식이었다.

제사가 끝나자, 대중상을 왕으로 받들던 진나라 대신들이 하나같이 뜻을 모아 대조영을 임금으로 추대했다.

"장군이시여, 우리 진나라의 임금이 되어 주소서!"

이리하여 서기 698년, 대조영이 진나라의 새 임금이 되었다. 고구려가 망한 지 꼭 30년이 지난 후였다. 30년만에 고구려의 뒤를 잇는 새 나라가 탄생한 것이다.

오늘날 중국 정부는 대조영이 세운 진국(발해)을 중국에 소속된 지방 정권이라고 해석하고 있다. 그런가 하면 일본의 일부 학자들은 발해의 백성 대다수가 말갈족이므로 발해를 말갈족의 국가로 보고 있다. 그러나 이 모든 것은 터무니없는 억지 주장일뿐이다. 발해를 건국한 대조영이 누구인가? 고구려의 유민이 아닌가? 그리고 발해가 뿌리내린 돈화 지방이 어딘가? 고구려의 옛 땅 아닌가! 고구려의 부흥을 외치며 고구려의 유민인 대조영이 고구려의 옛땅에 세운 나라가 발해인데 그 나라가 어떻게 중국의 지방 정권인가?

발해가 주변의 땅을 정벌하여 국토를 넓히고 거기 살던 말갈족을 백성으로 받아들여서 그 수가 고구려 유민들보다 더 많다고 해도 발해는 어디까지나 발해요, 우리 한민족이 세운 우리 나라임에 틀림없다. 이는 발해를 세운 대조영과 그 뒤를 이은 왕들의 행적을 살펴보면 쉽게 알 수 있는 일이다.

백두산에서 북쪽으로 300여 리 거리인 돈화 지방은 서남쪽으로 부이령 산맥, 동남쪽으로는 노야령 산맥, 서북쪽으로는 장광재령 산맥이 험준하게 가로막고 있는 천혜의 요새였다. 사방으로 험준한 산악들이 가로막고 있어 당나라 군사들도 쉽게 넘볼 수 없는 돈화지방은 동모산을 휘돌아 흐르는 송화강이 드넓게 자리잡은 들판을 기름지게 살찌우는 지역이었다. 또 가까운 곳에 풍부한 철이 묻힌 광산도 있어 무기를 생산하는 데도 유리했다.

"이 곳이다. 이 곳이 아버지와 나의 꿈인 고구려의 뒤를 잇는 새 나라의 꿈을 펼칠 도읍지다!"

대조영은 동모산에 성을 쌓기 시작했다.

"어서 성을 쌓아야 백성들이 안심하고 살 수 있다."

698년 말, 길고 긴 역사 끝에 우람한 동모산성이 당당한 모습을 드러냈다. 장방형으로 진흙과 모래를 섞어 쌓은 동모산성은 외성과 내성의 이중 구조로 되어 있었다. 외성은 동서의 길이가 400미터에, 남북의 너비가 200미터에 이르렀다.

대조영이 세운 진나라 주위는 유력한 토착 세력이 없었고, 국제적으로는 일종의 힘의 진공 지대였다. 아직도 나라의 형태를 채 갖추지 못하고 흩어져 살던 말갈족의 여러 부족들이 새로운 진나라에 항복하거나 귀화했다. 그래서 대조영은 손쉽게 영토를 확장해 나갈 수가 있었다.

이렇게 해서 진나라를 건국한 지 수년만에 동으로는 동해,

서쪽으로는 요하, 남쪽으로는 신라와 경계를 이루는 대동강에 이르렀으며, 북쪽으로는 목단강을 끼고 흑수말갈이 자리잡은 흑룡강 분지에 이르는 거대한 영토를 확보했다. 그 결과 돈화를 중심으로 사방 수 천리에 이르는 넓은 땅에 민호의 수가 40만 호를 넘었고, 정예군만도 5만이 넘는 대국으로 우뚝선 것이다.

　대조영은 세력을 확장하면서 뛰어난 지략을 발휘했다.

　우선 동모산 지역의 지리적 여건을 충분히 활용했다. 서쪽으로는 백두산의 밀림 지대가 길게 펼쳐져 있고, 서북쪽은 거란과 돌궐이 차지하여 방벽의 구실을 해 주었으며, 남쪽으로도 긴 산줄기가 뻗어 있었다. 이런 천혜의 요세에 자리잡고 있었으므로, 당나라는 이해고가 참패한 뒤로는 더 이상 군사를 보내지 않았다. 그리고 신라군도 공격할 엄두를 내지 못했다.

　대조영은 불과 2년이라는 짧은 기간에 나라의 기틀을 확립했다. 이렇게 빠른 건국은 그 유례를 찾아보기가 힘들다고 한다. 이에 대조영은 독자적인 연호를 써서 자주적인 국가임을 널리 선포했다.

　대조영은 곧바로 돌궐에 사신을 보내어 자신이 새 왕조를 세운 사실을 알렸다. 이는 진나라가 새 국가로 돌궐의 인정을 받는 동시에, 두 나라가 손을 잡고 공동 전선을 펴서 당에 대항하려는 의도였다. 돌궐은 이 두 가지를 모두 승락했다.

신라에도 사신을 보냈는데, 이 경우는 돌궐에 사신을 보낸 것과는 목적이 조금 달랐다. 발해가 신라에 사신을 보낸 근본 목적은 백제와 고구려의 멸망을 가져온 나당 연합군의 결성을 사전에 막기 위한 전략이었다. 신라의 조정에서는 사신을 통해 대조영에게 5품의 관등을 내리고, 건국을 인정해 주었다.

당나라와도 정식으로 통교했다.

713년 당나라의 현종은 사신을 보내어 대조영에게 '발해군왕 홀한주 도독'이라는 책봉을 내렸다. 이 때부터 발해라는 국호가 사용되기 시작했다.

그 때까지 불러온 '진국'은 '동쪽 나라'를 뜻하는 이름이었다. 그런데 '발해'라는 국호에는 '고구려를 회복하려는 의지'가 담겨 있다고 볼 수 있는데, 이는 황해의 발해만이 당나라로 들어가는 통로였기 때문이다. 대조영은 당나라로부터 침략을 하지 않겠다는 약속을 받아낸 뒤에야 사신을 교환했다. 두 나라의 사절은 발해만을 통해 동주(지금의 봉래)를 거쳐 장안을 오갔다. 이 곳을 거점으로 무역도 이루어졌다.

신라는 발해가 당과 가까워지자, 그 전보다 더욱 당나라에 가까워지려고 애썼다. 그러는 한편 713년(성덕왕 12년)에는 발해와의 접경 지역인 개성에 새로 성을 쌓기도 했다. 또 동

205

쪽 지역의 대비도 게을리하지 않았다. 언제 밀려들지 모르는 발해군에 대한 대비였다.

발해와 말갈의 세력이 강해지자, 당나라는 698년에 폐지했던 안동도호부를 부활시키고, 714년에는 하북성의 평주(지금의 영평부)에도 도호부를 두어 발해를 감시하며 압박했다. 그러나 발해를 침공할 엄두는 내지 못했다.

대조영은 유리한 조건을 활용하여 마음껏 동쪽과 남쪽을 공략하여 영토를 넓혀 나갔다.

그러는 한편 대조영은 나라 안으로도 눈을 돌려, 행정 체제를 정비했다. 3성 6부제를 수립하여 정당성, 선조성, 중대성 3성 중 정당성이 6부를 관할하게 하였으며, 그 최고 수장을 영의정(국무총리)으로 했다.

그리고 전 국토를 5경 15부로 나누고, 52주를 두었다. 숙신의 옛 땅에는 상경을 두고, 용천부라고 했으며, 용천부는 용, 호, 발의 3주를 거느리게 했다. 그리고 그 남쪽을 중경으로 삼아 현덕부라 했는데, 현덕부는 노, 현, 철, 탕, 영, 흥 6주를 거느리게 했다.

예맥의 옛 땅은 동경으로 삼고, 용원부라 하여 경, 염, 목, 하 등 4주를 예하에 두었고, 옥저의 옛 땅은 남경으로 삼고 남해부라 하였으며, 고려의 옛 땅은 서경을 삼아 압록부, 부여의 옛 땅은 부여부라 하여 거란의 침략을 막았다.

719년, 이 해는 대조영이 왕위에 오른 지 21년째가 되는 해였다.

그 해 3월부터 대조영은 시름시름 앓더니 끝내 자리에 눕게 되었다. 그러던 어느 날, 대조영은 문안을 온 아들 무예를 보고 조용히 입을 열었다.

"무예야, 어젯밤 꿈에 아버님도 뵙고 걸사비우도 만났다. 몹시 반갑더구나."

아무렇지도 않게 말하는 대조영의 말에 무예는 가슴이 철렁 내려앉았다.

'돌아가신 분들이 꿈에 나타나면 불길하다는데. 혹시…….'

아무런 내색도 않고 그 자리를 물러난 무예는 자꾸만 떠오르는 불길한 생각을 떨쳐버리려고 고개를 가로저었다.

"아니야! 아직도 얼마나 정정하신데……. 그리고 아버님께서 벌이시고 있는 일들이 얼마나 많은데."

그러나 무예가 생각했던 불길한 일은 곧 사실로 나타났다. 아버지 대조영의 병이 갑자기 악화된 것이었다.

며칠 뒤 새벽, 아직 잠자리에 든 무예를 누군가 흔들어 깨웠다.

"태자님, 태자님! 폐하께서 위독하십니다!"

"무어! 아버님이 위독하시다고?"

무예는 서둘러 대조영이 누워 있는 침전으로 달려갔다.
"아버님!"
침전에는 이미 가족과 중신들이 모여 눈물을 훔치고 있었다.
그 사이 대조영은 몰라 보게 여위어 얼굴이 창백했다. 죽음과 사투를 벌이던 대조영이 문득 눈을 뜨고 태자 무예를 찾았다. 무예의 손을 잡은 대조영이 힘들게 입을 떼었다.
"태자야, 하, 할아버님과 이 아비의 큰 꿈은 ……."
대조영은 말을 잇지 못하고 한차례 숨을 몰아 쉰 다음 다시 말을 이어갔다.
"꿈은 고, 고구려를 뛰어넘는…… 대국을 세워…… 고구려 유민은 물론…… 온 누리의 백성들이…… 편히 사는 나라를…… 이루는 것이었다……."
"저도 잘 알고 있습니다. 아버님."
무예가 흐르는 눈물을 훔치며 힘주어 말했다.
"그 꿈이 이제…… 네 꿈이 되어야 하느니……."
"망극하옵니다. 아버님!"
무예가 기어이 울음을 터뜨렸다.
"문예야!"
대조영이 이번에는 둘째 아들 문예의 손을 잡았다.
"너는 착한 아들이었다. 네 형을 도와…… 이 아비의 꿈을 이루어 다오."

마지막으로 대조영은 대신들을 둘러보았다.

"경들은…… 부디 태자 무예를 도와…… 천 년을 이어갈 새 나라…… 터를 닦아 주오."

있는 힘을 다하여 한 마디 한 마디 말을 꺼내던 대조영이 마침내 스르르 눈을 감았다.

어두움이 내려앉는 왕의 침실에서 슬픈 울음소리가 갑자기 높아졌다. 오래도록 곡성이 침전을 흔들었다

대조영의 시호는 고왕(高王)이었다. 고왕(高王)은 대개 건국 시조를 뜻하는 '태조(太祖)'를 뜻하는 호칭인데, 대조영의 경우에는 '고구려의 왕'이라는 상징성을 나타내기도 한다.

고왕의 서거 소식이 전해지자, 당나라 현종은 사신을 보내어 조문하고, 고왕의 아들 무예를 발해 군왕으로 책봉하여 계속 우호 관계를 유지하려고 노력했다.

발해의 2대 왕이 된 무왕은 부왕의 위업과 의지를 충실하게 이어가려고 노력했다. 그는 계속 독자적인 연호를 써 당나라에 대해 자주국임을 드러냈으며, 고구려의 영토를 회복하고자 주변의 종족을 병합했다. 그리하여 마침내 흑수말갈 지역의 영토 문제로 당나라와 한바탕 전쟁을 벌이기까지 했

다.

　이와 같은 발해의 위세에 신라도 큰 위협을 느꼈다. 그래서 당에 사신을 보낼 때에도 옛날 고구려가 요동을 차지하고 있을 때처럼, 육지를 통하는 빠른 길을 두고 뱃길을 택해야 할 정도였다.